Helmut Roderer

Grafik in MATLAB

Ein Kompendium

GRIN - Verlag für akademische Texte

Der GRIN Verlag mit Sitz in München hat sich seit der Gründung im Jahr 1998 auf die Veröffentlichung akademischer Texte spezialisiert.

Die Verlagswebseite www.grin.com ist für Studenten, Hochschullehrer und andere Akademiker die ideale Plattform, ihre Fachtexte, Studienarbeiten, Abschlussarbeiten oder Dissertationen einem breiten Publikum zu präsentieren.

Dokument Nr. V183357 aus dem GRIN Verlagsprogramm

Helmut Roderer

Grafik in MATLAB

Ein Kompendium

GRIN Verlag

Bibliografische Information der Deutschen Nationalbibliothek: Die Deutsche Bibliothek
verzeichnet diese Publikation in der Deutschen Nationalbibliografie; detaillierte bibliografische Daten sind im Internet über http://dnb.d-nb.de/ abrufbar.

1. Auflage 2011
Copyright © 2011 GRIN Verlag GmbH
http://www.grin.com
Druck und Bindung: Books on Demand GmbH, Norderstedt Germany
ISBN 978-3-656-07978-1

Grafik in Matlab
Ein Kompendium

Helmut Roderer

Professor Dipl.Ing. HELMUT RODERER, geboren 1936 in Würzburg, studierte Regelungstechnik und technische Elektronik an der Technischen Universität Darmstadt. Ab 1964 arbeitete er in der Industrie, hauptsächlich bei der Dornier AG. Seit 1973 lehrt er an der Hochschule für angewandte Wissenschaften Würzburg-Schweinfurt das Fach Prozessdatenverarbeitung im Studiengang Informationstechnik.

Die Angaben über Funktionen basieren auf der *MATLAB* -Version R2007b.

Inhaltsverzeichnis

1 Was ist MATLAB

MATLAB kann wie folgt charakterisiert werden:

→ *MATLAB* ist die Abkürzung von MATrix LABoratory.

→ *MATLAB* wurde von Cleve Moler in der Urversion geschrieben.

→ *MATLAB* ist ein Produkt der Firma *The MathWorks*.

→ *MATLAB* ist eine weit verbreitete Programmiermethode für mathematische Berechnungen in der Technik.

→ *MATLAB* ist ein *Betriebssystem*, eine *Prorammiersprache* und ein *Visualisierungssystem* in einem.

→ *MATLAB* beinhaltet eine umfangreiche *Programmbibliothek*, die u.a. aus den *LINPACK* und *EISPACK* Projekten hervorgegengen ist.

→ *MATLAB* erlaubt sowohl die Darstellung zwei- und dreidimensionaler farbiger Grafiken wie auch die Generierung von Panels zur Programmorganisation.

In dieser Schrift werden die grafischen Fähigkeiten von *MATLAB* zusammengestellt.

Professor Dipl.Ing. HELMUT RODERER, geboren 1936 in Würzburg, studierte Regelungstechnik und technische Elektronik an der Technischen Universität Darmstadt. Ab 1964 arbeitete er in der Industrie, hauptsächlich bei der Dornier AG. Seit 1973 lehrt er an der Hochschule für angewandte Wissenschaften Würzburg-Schweinfurt das Fach Prozessdatenverarbeitung im Studiengang Informationstechnik.

2 Grafische Objekte

2.1 Einführung

→ Die grafische Darstellung mathematischer Berechnungen als *Bild* ist genauso wichtig wie die Berechnung selbst.

→ Ein Bild besteht in der Regel aus mehreren *grafischen Objekten* und erscheint auf dem Bildschirm in einem *Fenster (Figure)*.

→ In Matlab existiert daher ein vielfältiges System von Funktionen zur Darstellung und Veränderung existierender grafischer Objekte.

→ Ein grafisches Objekt wird durch seinen *Typ* und seine *Eigenschaften (Properties)* beschrieben.

2.2 Grafische Objekte und ihre Properties

→ Der Typ eines grafischen Objekts wird durch Ablauf einer Erzeugungsfunktion

```
H=ObjektTyp( Parameterliste)
```

bestimmt. Dabei wird ein *Objekt-Handle H* geliefert. Mit diesem Handle wird ein Zugriff auf die Objekt-Properties ermöglicht.

→ Man kann Properties einstellen und damit das Aussehen des Objekts beeinflussen.

→ Objekte können *Teil (Kind, Child)* eines anderen grafischen Objekts *(Vorfahr, Parent)* sein.

→ Vor der Erzeugung eines Objekts müssen alle Vorfahren erzeugt worden sein. Bei manchen Erzeugungsfunktionen wird diese Erzeugung, falls erforderlich, automatisch durchgeführt.

→ Alle Properties kann man auch in *MATLAB-Help* studieren.

2.3 Setzen von Properties

Für alle Properties existieren Defaulteinstellungen. Diese gelten bis Properties neu gesetzt werden. Hierfür existieren mehrere Methoden.

2.3.1 Setzen in der Parameterliste

Über feste Funktionsparameter (Strings oder Zahlenwerte) der objekterzeugenden Funktion. Beispielsweise gilt

HP=plot(t,x,'r-*')

Hier bestimmt der Stringparameter das Aussehen einer Kurve. Siehe z.B. die Beschreibung des Line-Objekts.

2.3.2 Setzen mit spezieller Funktion

2.3.2.1 Die Property-List-Methode

→ Man definiert ein *Propertyelement* durch den *PropertyName* und den zugehörigen *Propertyvalue*. Letzterer kann ein numerischer Wert oder ein String sein.

→ Es wird dann eine *Propertylist* definiert.
   PropertyName1,Propertyvalue1,PropertyName2,Propertyvalue2,....

→ Zur Einstellung der Properties ruft man

   set(H,Propertylist)
   Ist H ein Vektor, so werden die Properties in allen Objekten gesetzt.

→ In Matlab existieren auch Funktionen die zwei Methoden in einem Funktionsaufruf anwenden. Beispielsweise gilt `HP=plot(t,x,Propertylist)`.

2.3.2.2 Die Cellarray-Methode

→ Man kann die Properties auch in einem Cellarray (CPN) zusammenfassen, wobei jede Cell einen PropertyNamen aufnimmt.

→ Ebenso kann man in einem weiteren Cellarray (CPV) entsprechend die Propertyvalues darstellen.

→ Dann kann man die Properties einstellen:

   set(H,CPN,CPV)

2.3.2.3 Die Struktur-Methode

→ In einer Struktur (st) sind der Propertyname auch der Fieldname. Der Propertyvalue ist dann der zugehörige Wert.

→ Nun lautet die Funktion:

   set(H,st)

4

2.3.3   Interaktive Methoden

Es werden Methoden zur Property-Einstellung bei existierendem Objekt behandelt.
Es bestehen mehrere Möglichkeiten.

→   Mit den Funktionen

   plotedit on
   plotedit off
   propedit(...)
   propeditor(...)

   kann man den *Plot-Edit-Mode* und die Propertyeditoren ein- oder ausschalten.
   Anstelle des Aufrufs von *plotedit on* kann man auch im Figure-Toolbar den
   Plotedit-Pfeil betätigen. Siehe hierzu auch *MATLAB-Help* .

→   Ruft man im eingeschalteten Plot-Edit-Mode die Funktionen

   inspect

   auf, so kann man mit der linken Maustaste ein Objekt anwählen.

→   Für dieses Objekt erscheint ein Fenster. In diesem Fenster kann man die Einstellung aller Properties sehen und sie gegebenenfalls auch verändern.

→   Mit Aufruf von

   inspect(H)
   inspect([H1,H2,...Hn])

   wird direkt die Bearbeitung der Properties für das Objekt mit Handle H
   ermöglicht.

→   Wird die Funktion mit einem Handlevektor aufgerufen

   inspect([H1,H2,...Hn])

   so können nur die allen Objekten gemeinsamen Properties bearbeitet werden.

2.4   Spezielle Funktionen

2.4.1   Abfragen von Properties

→   Aktuell eingestellte Properties eines Objekts liefert die Funktion:

   {s}=get(H)   Liefert Properties als Struktur.
   v=get(H,'PropertyName')   Liefert eine spezielle Property.
   CPV=get(H,CPN)   Liefert alle Properties
   CPN, CPV sind Cellarrays.

→ Die setzbaren Properties eines Objekts und ihre möglichen Werte erhält man mit:

s=set(H)   Alle Properties in der Struktur s.

e=set(H,'Propertyname')

Falls Ergebnis Strings sind, dann ein Cellarray.

2.4.2 Suche nach Objekten

→ Handles von speziellen Objekten kann man sich beschaffen:

H=gcf   Handle des aktuellen Figure.

H=gcbf   Figurehandle

Heimatfigure des Objekts, dessen Callback gerade ausgeführt wird.

H=gca   Handle der aktuellen Axes.

H=gco   Handle des aktuellen Objekts.

[O,H]=gcbo

O: Handle des Objektes, dessen CB gerade ausgeführt wird.

H: Handle wie bei gcbf().

→ Die nachfolgenden Funktionen liefern Handles auf mehrere Objekte:

H=findobj

Handle aller bestehenden Objekte als Spaltenvektor

H=findobj(Propertylist)

Handle aller Objekte die jeweils alle Properties
und die eingestellten Werte haben.

H=findobj(h)

Objekte die Kinder des Objekts mit Handle h sind

H=findobj(h,Propertylist)

Objekte die Kinder des Objekts h sind und jeweils
alle Properties haben.

H=findobj(h,'flat',Propertylist)

Suche nach Objekten mit die Handles in Vektor h.

Weitere Aufruflisten siehe *MATLAB-Help* .

2.4.3 Rücksetzen von Properties

→ Mit der Funktion

reset(H)

H: Objekt-Handle

kann man Properties des Objekts mit Handle H, so sie Factory-Defaults haben,
wieder mit diesem Wert belegen. Ansonsten werden sie gelöscht.

→ Bei Figure-Objekten werden dei Properties *Position, Units, Paperunits, Windowstyle* nicht zurückgesetzt.

→ Bei Axes-Objekten bleiben die Properties *Position, Units* erhalten.

2.5 Klassen von Properties

→ Man kennt fünf Klassen von Properties, die nach Objektklassen gegliedert sind:

Nr	Klasse	Bezeichnung
1	Aktuelles Objekt	Property
2	Default Axes	DefaultAxesProperty
3	Default Figure	DefaultFigureProperty
4	Default Root	DefaultRootProperty
5	Factory	FactoryProperty

→ Wird nach einer Property gesucht, so werden die Klassen nach aufsteigender Nummer durchsucht. Tritt erstmalig eine Property auf, so wird diese benutzt.

→ Behandlung der Factory-Properties.

– Will man Factory-Properties sehen so ruft man:
s=get(0,'Factory')
Alle Factory-Properties.
s=get(0,'FactoryObjectPropertyname')
Spezielle Factory-Property.

– Die Factory-Properties kann man nicht setzen.

– Man kann eine Property auf den Factory-Wert setzen:
set(H,'Propertyname','factory')

→ Behandlung von Default-Properties.

– Für Default-Properties hat ein Element einer DefaultPropertylist folgendes Aussehen:
...'DefaultObjektProperty',Propertyvalue,...
Dabei ist *Objekt* entweder *Axes, Figure* oder *Root*.

– Default-Properties kann man sehen:
s=get(H,'Default')   s ist eine Struktur.
s=get(H,'DefaultObjectProperty')
Hier kann auch eine Liste stehen.

– Default-Properties kann man setzen:
set(H,DefaultPropertylist)
H ist der Handle eines Axes-, Figure- oder Rootobjekts.

– Man kann eine Default-Property mit folgender Funktion entfernen:
set(H,'DefaultObjectProperty','remove')
H muss der Handle von *Object* sein. Im Aufruf kann auch eine Propertylist stehen.

7

2.6 Darstellung von Properties in dieser Dokumentation

In diesem Compendium werden Properties immer in einer der folgenden Formen angegeben:

Propname: **Property**, Propvalue: *Alternative 1|Alternative 2|...|Alternative n*

Propname: **Property**, Propvalue: *Datumsangabe*

2.7 Gemeinsame Properties

Einige Properties existieren bei allen Objekten. Diese sind:

→ Properties zur Aufnahme von Daten:

Propname: **Tag**, Propvalue: *String*

Propname: **UserData**, Propvalue: *Beliebiges Datum. Empfohlen : Struktur.*

→ Zur Identifizierung von Objekten dienen:

Propname: **Parent**, Propvalue: *Handle des Elterobjekts*

Propname: **Children**, Propvalue: *Vektor der Handle der Kinderobjekte*

Propname: **Type**, Propvalue: *Objekt − Typ*

→ Begrenzungen für die Objektdarstellung sind:

Propname: **Visible**, Propvalue: *on|off*

Propname: **Clipping**, Propvalue: *on|off*

→ Die Markierung von Objekten erfolgt mit:

Propname: **SelectionHighLight**, Propvalue: *on|off*

Propname: **Selected**, Propvalue: *on|off*
Die erste Property ermöglicht die Selektierung, die mit der zweiten Property durchgeführt wird.

→ Für die Erklärung der beiden Properties:

Propname: **HandleVisibility**, Propvalue: *on|off*

Propname: **BusyAction**, Propvalue: *cancel|queue*

wird auf *MATLAB* -Help verwiesen.

2.8 Ablauf der Erzeugung grafischer Objekte

2.8.1 Allgemeines

Der Ablauf der Erzeugung von Grafik-Objekten auf dem Bildschirm unterliegt folgenden Regeln:

→ Anweisungen, die zu einer Veränderung in einem Figure, führen werden nicht direkt ausgeführt.

→ Diese Anweisungen umfassen auch Mausclicks und Cursoroperationen.

→ Diese Anweisungen erzeugen *Events*, die in einer *Eventqueue* zwischengespeichert werden.

→ Diese Eventqueue wird geleert, die Anweisungen werden ausgeführt und damit der Bildschirm verändert wenn bestimmte Ereignisse auftreten.

2.8.2 Leeren der Eventqueue

Die folgenden Funktionen leeren die Eventqueue, verändern also die dargestellten Objekte.

→ Es existiert eine Funktion

drawnow	Leeren der Eventqueue
drawnow expose	Refresh grafischer Objekte
drawnow update	Refresh nichtgrafischer Objekte

→ Die Eventqueue wird immer geleert, wenn ein *MATLAB* -Prompt (>> in MCW) auftritt oder wenn ein *figure-*, *ginput-* oder ein *getframe*-Befehl ausgeführt wird.

→ Das Auftreten von Eingabefunktionen wie *input* und *keyboard* verursacht ebenfalls das Leeren der Eventqueue.

→ Auch Funktionen, die ein Warten des Programms auf bestimmte Ereignisse auslösen leeren die Eventqueue. Diese sind:

   – Zeitlich begrenztes oder unbegrenztes Warten erreicht man mit der Funktion
      pause{t}   Warten um t Sekunden.
      Fehlt t: Warten bis eine Tastenbetätigung erfolgt.

   – Das Warten auf die Betätigung einer Maustaste oder die Betätigung einer Taste mit
      waitforbuttonpress

9

– Mit der Funktion

uiwait{(F,{timeout})}

Fehlt Figure-Handle F, dann F=gcf.

Nach *timeout* Sekunden wird das Warten automatisch beendet.

kann man warten. Mit der Funktion

uiresume(F)

kann man das Warten beenden.

– Die allgemeinste Funktion zum Warten auf ein Ereignis ist:

waitfor(H,{'PropertyName'{,Propertyvalue}})

Das Warten wird beendet, wenn der angegebene Propertyvalue eingestellt wird.

Ist kein Propertyvalue angegeben, so wird das Warten beendet wenn die angegebene Property geändert wird.

Ist die Property für das Objekt nicht vorhanden, so wird nicht gewartet.

2.9   Darstellung grafischer Objekte

→   Es ist von Bedeutung welche Objekte gemeinsam auf dem Bildschirm erscheinen können.

→   Das Root-, das Figure- und mindestens ein Axes-Objekt müssen auf dem Bildschirm gleichzeitig erscheinen.

→   Wieviele weiteren Objekte können gleichzeitig Children eines Axes-Objekt sein?

→   Werden mehrere Objekte in einem oder mehreren Axes bei geleerter Eventqueue dargestellt, so haben zwei Properties Einfluss auf das Aussehen:

– Zum einen ist dies die Figur-Property:

Propname: **NextPlot**, Propvalue: *add|new|replace|replacechildren*

– Zum anderen die gleichnamige Axes-Property:

Propname: **NextPlot**, Propvalue: *add|replace|replacechildren*

→   Die Besprechung dieser Properties erfolgt weiter unten.

→   Weiter gibt es Funktionen:

– Begrenztes Setzen der Properties:

hold{(H)}   Toggeln zwischen hold on und hold off

hold({H},on)

hold({H},off)   Defaulteinstellung

hold({H},all)

Fehlt der Axes-Handle H, so ist H=gca

Bei *all*: wie *on*, hält auch Color- und LinestyleOrder.

- Der hold-Zustand bezieht sich auf ein Axes.

- Im Zustand *hold on* können beliebig viele Grafik-Objekte in einem Axes dargestellt werden.

- Im Zustand *hold off* werden vor der Darstellung eines Grafik-Objekts bestehende Objekte gelöscht und die Axes-Properties auf ihre Defaulteinstellungen gebracht.

- Man kann den hold-Zustand auch abfragen:
  x=ishold
  hold-Zustand: on bei x=1; off bei x=0.

→ Für die Properties *NextPlot* gilt:

Zustand	Figure-Property-Value	Axes-Property-Value
Hold on	add	add
Hold off	·/·	replace

→ Andere Nextplot-Properties können ebenfalls mit Funktionen gesetzt werden:

Figure-Property	Funktion	Axes-Property	Funktion
new	figure	·/·	·/·
add	·/·	add	·/·
replacechildren	clf	replacechildren	cla
replace	clf reset	replace	cla reset

→ Siehe das Demonstrationsprogramm *DemoHold.m*

→ Eine wesentliche Property

Propname: **EraseMode**. Propvalue: *normal|none|xor|background*

steuert ebenfalls das Erscheinungsbild eines Objekts. Bei der Besprechung der Text-, Line- und Patchobjekte wird dies demonstriert.

2.10   Kopieren von Objekten

→ Zum Kopieren eines Objekts ruft man

Hn=copyobj(H,P)
H: Vektor der Handles der zu kopierenden Objekte.
HP: Vektor der Handles der Parents der neuen Objekte.
Hn: Vektor der Handles der neuen Objekte.

→ In Abhängigkeit von den Längen der Handlevektoren gilt:

H	HP	Wirkung
Skalar	Skalar	Objekt Hn ist Kopie von Objekt H.
Skalar	Vektor	Objekte in Hn sind Kopien von Objekt H.
Vektor	Skalar	Alle Objekte in Hn sind eine Kopie von Objekt H.
Vektor	Vektor	Objekt Hn(i) ist Kopie von Objekt H(i). Gleiche Längen!

2.11 Verbinden von Objekt-Properties

→ Man kann dafür sorgen, dass gleiche Properties verschiedener Objekte miteinander verbunden sind. Siehe das Demonstrationsprogramm *DemoLink*.

→ Ruft man

HL=linkprop(HO,{'Propertyname1', 'Propertyname2', ...})
Der Vektor HO beinhaltet die Objekt-Handle.
Die {} beschreiben eine Zelle.

so werden die betreffenden Properties alle auf den Wert des Objekts mit Handle $HO(1)$ eingestellt.

→ Wird nun eine verbundene Property im Objekt mit Handle $HO(1)$ geändert, so wird die Property in den anderen Objekten ebenfalls geändert.

→ Man kann eine nichtverbundene Property in die Liste der verbundenen Properties aufnehmen und entfernen:

addprop(HL,'Propertyname')   In Liste aufnehmen.
removeprop(HL,'Propertyname')   Aus Liste entfernen.

→ Man kann auch ein neues Objekt mit Handle HOn in die Liste der Objekte mit verbundenen Properties aufnehmen:

addtarget(HL,HOn)   Objekt aufnehmen.
removetarget(HL,HOn)   Objekt entfernen.

3 Objekten zugeordnete Funktionen

Es existieren Möglichkeiten grafischen Objekten Funktionen zuzuordnen. Diese können automatisch oder durch eine Mausbetätigung über dem Objekt ausgelöst werden.

3.1 Allgemeine Form der Funktionsvereinbarung

→ Es muss eine Funktion vereinbart werden:

func(H,ev{,arg1,...,argn})
H ist der Handle des Objekts bei dem die Funktion wirken soll.
ev ist eine nicht genutzte Variable.
arg1 bis argn sind Zusatzparameter, die auch entfallen können.
@func ist der Handle der Funktion.

→ Für die Zuordnung dieser Funktion zu einer Property gibt es zwei Möglichkeiten:

– Wenn keine Zusatzparameter vorhanden sind ruft man:

set(H,'FuncProp',@Func)

– Wenn Zusatzargumente vorhanden sind ruft man:

set(H,'FuncProp',{@Func,arg1,... argn})
Die Klammern { } beschreiben hier eine Zellendefinition.

3.2 Button-Down Funktion

→ Wird über einem Grafikobjekt eine Maustaste betätigt so kann eine Funktion ausgeführt werden. Diese ist nach den oben dargelegten Regeln zu vereinbaren.

→ Diese Funktion ist mit der ButtonDownFcn-Property des Objekts mit Handle H zu verknüpfen:

set(H,'ButtonDownFcn',@Func)
set(H,'ButtonDownFcn',{@Func,arg1,... argn})

→ Die Wirksamkeit der Button-Down Funktion kann man mit einer Property an- oder abschalten:

Propname: **HitTest**, Propvalue: *on|off*

Ist die Wirksamkeit für ein Objekts abgeschaltet, so wird die Button-Down Funktion eines eventuell darunterliegenden angeschalteten Objekts aktiviert.

→ Mit der Property:

Propname: **Interruptible**, Propvalue: $on|off$

kann man entscheiden ob eine Buttondown-Funktion von einer anderen Funktion unterbrochen werden kann oder nicht.

3.3 Delete Funktion

→ Wird ein Grafikobjekt gelöscht so kann ebenfalls eine Funktion ausgeführt werden.

→ Eine nach obigen Regeln erzeugte Funktion ist dafür mit der DeleteFcn-Property des Objekts zu verknüpfen:

   set(H,'DeleteFcn',@Func)
   set(H,'DeleteFcn',{@Func,arg1,... argn})

→ Es existiert die Property:

Propname: **BeingDeleted**, Propvalue: $on|off$

Diese Property ist *on* wenn die Deletefunktion ausgeführt wird.

3.4 Create-Funktion

→ Bei der Erzeugung eines Objekts kann ebenfalls eine Funktion ausgeführt werden.

→ Soll bei der Erzeugung eines Objekts eine Funktion ausgeführt werden muss man vereinbaren:

   set(0,'DefaultxxxCreateFcn',@Func)
   set(0,'DefaultxxxCreateFcn',{@Func,arg1,... argn})
   xxx ist der Name des Objekts, z.B. root,line etc.

→ Eine zweite Möglichkeit ist folgende:

   H=xxx(Parameterliste,'CreateFcn',@Func)

   Die Create-Function wird also bei der Objekterzeugung mit dem Objekt verknüpft.

→ Die Create-Funktion kann man löschen:

   set(0,'DefaultXXXCreateFcn',';')

   oder mit

   set(H,'CreateFcn',';')

3.5   Contextmenu

→ Ein Contextmenu ist selbst ein graphisches Objekt mit einem Handle C.

→ Man kann einem graphischen Objekt ein *Contextmenu* zuordnen. Dazu wird in der Property des Objekts der Handle des Contextmenues eingetragen:

   Propname: **UIContextMenu**, Propvalue: C

→ Wird über einem Objekt die *rechten* Maustaste betätigt, so wird das *Contextmenu* ausgelöst.

→ Es wird eine Liste von Labels angezeigt. Jedem Label kann ein Callback zugeordnet werden.

→ Die Callbacks dürfen keine Subfunktionen sein.

→ Wird ein Label angklickt, so wird der Callback ausgeführt.

→ Das Contextmenu kann mit folgendem Funktionsaufruf generiert werden:

   C=uicontextmenu;
   set(L,'UiContextMenu',C)
   Contextmenu C dem Objekt L zuordnen
   uimenu(C,'Label 1','Text 1'{,'Callback',cb1})
   uimenu(C,'Label 2','Text 2'{,'Callback',cb2})
   $\vdots$
   uimenu(C,'Label n','Text n'{,'Callback',cbn})

→ Das Menu hat *UiContextMenu*-Properties.

15

4   Farbe in Matlab

Zur Ausgestaltung von Informationsdarstellungen benötigt man farbliche Mittel. Bei Displays ist die *additive Farbbildung* durch die drei Farbanteile *Rot*, *Grün* und *Blau* üblich. Man spricht von *RGB-Farben*.

4.1   Einzelfarben

→ Erzeugung des Farbvektors.

- Bei der RGB-Darstellung wird ein *Farbvektor* $f = [R\ G\ B]$ aus den Farben Rot, Grün und Blau zur Festlegung der Farbe gebildet.

- Für jedes Element gilt
  $0 =< R <= 1,\ 0 =< G <= 1,\ 0 =< B <= 1.$

- Auf diese Weise können sehr viele unterschiedliche Farben gebildet werden. Beispielsweise gilt für

Name	RGB-Vektor
Grau	[0.5 0.5 0.5]
Figure-Hintergrund	[0.3241 0.3241 0.3241]
Kupfer	[1 0.62 0.40]

→ Standardeinzelfarben

In *MATLAB* werden bei Anweisungen zur Informationsdarstellung oft bestimmte Einzelfarben benutzt. Eine Auswahl von Farben wird unter dem Namen *Colorspec* zusammengefaßt. Sie werden entweder als Farbvektor, als Name oder als Symbol dargestellt:

Name	Symbol	RGB	Name	Symbol	RGB
Rot	'r'	[1 0 0]	Grün	'g'	[0 1 0]
Cyan	'c'	[0 1 1]	Magneta	'm'	[1 0 1]
Weiß	'w'	[1 1 1]	Gelb	'y'	[1 1 0]
Blau	'b'	[0 0 1]	Schwarz	'k'	[0 0 0]

→ Propertyeinstellung.

Bei vielen Objekten können Farben für Properties definiert werden. Der jeweilige Property-Value kann aus

w|y|m|c|r|g|b|k|[r₁ g₁ b₁]|[r₂ g₂ b₂]|...|[rₙ gₙ bₙ]

gewählt werden.

17

→ Farbfolgen.

Im Objekt Axes werden Farben zur Verfügung gestellt, die bei Erzeugung mehrerer Objekte durch eine Funktion (z.B. Plotfunktion) zur Unterscheidung benutzt werden. Diese m Farben können im aktuellen Axes mit der Funktion

set(gca,'ColorOrder',m×3 RGB-Matrix)

gesetzt werden.

→ Dialogbox für Farbauswahl.

Mit der Funktion
col=uisetcolor({rgb}{,tit})
col: Rgb-Vektor.
rgb: RGB-Vektor zur Initialisierung.
tit: Bezeichnung der Dialogbox.

kann man eine Farbe auswählen.

→ Alle Einzelfarben können durch Helligkeitesteuerung noch verändert werden. Siehe hierzu einen späteren Abschnitt.

4.2 Colormaps

Zur Festlegung der Einfärbung von Objekten werden *Colormaps* benutzt.

4.2.1 Definition

→ Eine Farbe wird als RGB-Zeilenvektor dargestellt.

→ Colormaps sind $n \times 3$ Matrizen. Jede Zeile ist ein RGB-Vektor. Jedem Zeilenindex entspricht somit eine Farbe.

→ Der Aufbau einer Colormap ist willkürlich.

→ Eine Colormap ist eine *Figure − Property* und gilt somit für alle Axes eines Figures.

→ Für die Property gilt:

Propname: **Colormap**, Propvalue: *hsv|autumn|bone|colorcube|cool|*

copper|flag|gray|hot|jet|lines|pink|spring|summer|white|winter

Der Propertyvalue stellt den Namen einer RGB-Matrix, abgekürzt fm, dar.

4.2.2 Darstellung der Colormap

→ Durch Aufruf der Funktion
H=colorbar
H ist der Colorbar-Handle.
kann man die Colormap im Figure sichtbar machen.

→ Den Colorbar kann man auch durch Betätigung des Elements *Insert Colorbar* im Figure-Toolbar an- und abgeschaltet werden.

→ Die Lage des Colorbar relativ zu einem Axes ist ebenfalls eine Property.

Propname: **Location**, Propvalue: $North|South|East|West|NorthOutside|$
$SouthOutside|EastOutside|WestOutside$

Diese kann man einstellen mit
colorbar('LocName')
set(gcf,'Location','LocName')

→ Die Einstellung der Lage des Colorbar kann auch interaktiv erfolgen.

Hierzu wählt man nach einem Klick mit der rechten Maustaste auf den Colorbar das Element *Location*.

→ Die Farbanteile einer Colormap können auch grafisch dargestellt werden. Dazu ruft man
rgbplot(cm)
cm: Matrix der Colormap.

4.2.3 Einstellung der Colormap

Mit folgenden Funktionen kann eine Colormap eingestellt werden:

colormap(fm)
Mit fh=fm(m) wird dann:
fmnew=colormap(fh)
fmnew wird eingestellt.
fm ist eine $n \times 3$ und fmnew ist eine $m \times 3$ Matrix mit $m < n$
set(gcf,'Colormap',fh)

4.2.4 Verändern einer Colormap

Es existiert eine Vielzahl von Möglichkeiten zur Veränderung einer bestehenden Colormap.

4.2.4.1 Verändern der Helligkeit

→ Man kann die einzelnen Farben in einer Colormap und natürlich auch Einzelfarben durch *Helligkeitssteuerung* verändern und auf diese Weise neue Farben erzeugen.

→ Dazu führt man den *Helligkeitsfaktor b*, im Englischen *brighten* genannt, ein. Es gilt gilt $-1 \le b \le 1$.

→ Aus diesem Faktor b wird gebildet:

$$g = \frac{1}{1+b} \quad \text{für} \quad -1 \le b \le 0 \quad \text{und} \quad g = 1 - b \quad \text{für} \quad 0 < b \le 1. \qquad (4.1)$$

→ Der neue Farbvektor f_n entsteht dann aus dem alten Farbvektor f_a durch Potenzieren mit g:

$$f_n = f_a^g. \qquad (4.2)$$

Dies erreicht man mit der Funktion:

fn=brighten(f,b)

4.2.4.2 Dynamische Veränderung der Colormap

→ Durch dynamische Veränderung der Colormap mit der Funktion
spinmap(t,inc)
Die Farbrotation dauert 10*t Sekunden.
inc ist die Schrittweite der Rotation der Colormap.
inc kann positiv und negativ sein.
spinmat('inf')
Beliebig langes Rotieren. Abbruch mit CTRL+C.
kann man interessante Farbeffekte erzielen.

→ Man kann diesen Vorgang auch von Hand bewirken. Hierzu wählt man nach einem Klick mit der rechten Maustaste auf dem Colorbar *Interaktiv Colormap Shift* und verschiebt dann den Cursor auf dem Colorbar.

4.2.4.3 Colormap-Editor

→ Eine Einstellung von Colormaps kann man auch durch Aufruf eines interaktiven Programms
colormapeditor
erreichen.

→ Dieses Programm kann auch durch Betätigung der rechten Maustaste über dem Colorbar und Auswahl von *Launch Colormapeditor* aufgerufen werden.

→ In einem neuen Figure erscheint die Colormap. Diese ist mit Markierungen (Nodes) versehen, die unterschiedliche Funktionen haben:

Nr.	Operation mit Node	Wie ?
1	Hinzufügen	Klicken LMT unter Zelle in Colormap
2	Auswahl	Klicke LMT
3	Entfernen	Drücke Taste *Entf*
4	Bewegen	Auswahl und Ziehen der Maus
5	Anzeigen der Farbtabelle	Doppelklick der LMT

→ Durch Einfügen und Verschieben der einzelnen Nodes kann man die Colormap umgestalten.

→ Dies ist auch durch Einfügen neuer Farben mit der Operation Nr. 5 möglich.

4.3 Spezielle Grau-Colormap

→ Eine spezielle Grau-Colormap erhält man mit der Funktion

graymap=contrast(B{,m})
B: Martrix eines IND-Bildes, siehe Image-Objekte.
$B_{i,k}$ ist der Index in eine Colormap.
Es entsteht eine neue Colormap der Größe $m \times 3$.
Fehlt m, dann wird die Länge gleich der aktuellen Colormap.

→ Es gilt für alle k : $graymap(k,1) = graymap(k,2) = graymap(k,3)$.

→ Diese Colormap hat gute Kontraste.

4.4 Fixed Colormap

→ Alle Einzelfarben, die vom Figure-Objekt und seinen Children verwendet werden, sammelt *MATLAB* in der RGB-Matrix *Fixed Colormap*.

→ Diese erhält man über die Property:

Propname: **FixedColors**, Propvalue: $RGB - Matrix(readonly)$

→ Über den Speicherplatz siehe *MATLAB-Help* .

21

4.5 Weitere Farbcodierungen

Neben der Codierung von Farben nach dem RGB-Schema existieren weitere Codierungen.

4.5.1 HSV-Darstellung

Diese Codierungsart benötigt ebenfalls drei Zahlenwerte zur Festlegung der Farbe. Diese Zahlenwerte bezeichnet man mit:

Name	Bezeichnung		Bereich
H	Farbton	Hue	$0 \geq H \geq 1$
S	Sättigung	Saturation	$0 \geq S \geq 1$
V	Farbwert	Value	$0 \geq V \geq 1$

4.5.2 NTSC-Darstellung

→ NTSC ist die Abkürzung von *National Television Systems Comitee*. Dieses Format wird in den USA für das Fernsehen genutzt.

→ Bei dieser Darstellungsform sind ebenfalls drei Zahlenwerte erforderlich.

Name	Bezeichnung		Bereich
Y	Helligkeit	Luminance	$0 \geq Y \geq 1$
I	Farbton	Hue	$-0.596 \geq I \geq 0.596$
Q	Sättigung	Saturation	$-0.523 \geq Q \geq 0.523$

→ Bei dieser Darstellungsart ist die *Grauskala* alleine in der Helligkeitsinformation (Y) enthalten, während die beiden anderen Komponenten den Farbwert (I,Q) beinhalten.

→ Die Umrechnungsvorschriften lauten:

$$
\begin{pmatrix} Y \\ I \\ Q \end{pmatrix} = \begin{pmatrix} 0.299 & 0.587 & 0.114 \\ 0.596 & -0.274 & -0.322 \\ 0.211 & -0.523 & 0.312 \end{pmatrix} \begin{pmatrix} R \\ G \\ B \end{pmatrix}
$$
$$
\begin{pmatrix} R \\ G \\ B \end{pmatrix} = \begin{pmatrix} 1.000 & 0.956 & 0.621 \\ 1.000 & -0.272 & -0.647 \\ 1.000 & -1.106 & 1.703 \end{pmatrix} \begin{pmatrix} Y \\ I \\ Q \end{pmatrix}
\tag{4.3}
$$

4.5.3 CMYK-Darstellung

→ Für Tintenstrahldrucker werden die Farben aus den Basisfarben *Gelb(y)*, *Magenta(m)*, *Cyan(c)* und *Key(k)* durch subtraktive Mischung erzeugt.

→ Mit *key-plate* wird im englischen Sprachgebrauch die schwarzdruckende Schlüsselplatte im Offsetdruck bezeichnet.

4.5.4 Umrechnungsprogramme

→ Mit dem Demonstrationsprogramm *DemoFarbeUmr.m* kann man sowohl für verschiedene Colormaps die drei Darstellungsarten vergleichen und für einzelne Farben die Darstellungsarten ineinander umrechnen.

→ Für diese Umrechnung der Darstellungsarten stehen folgende Funktionen zur Verfügung:

hsv=rgb2hsv(rgb)	RGB- in HSV-Darstellung umsetzen.
rgb=hsv2rgb(hsv)	HSV- in RGB-Darstellung umsetzen.
yiq=rgb2ntsc(rgb)	RGB- in NTSC-Darstellung umsetzen.
rgb=ntsc2rgb(yiq)	NTSC- in RGB-Darstellung umsetzen.

5 Root-Objekt

Dieses Objekt beschreibt den Bildschirm des Rechners, Teile des Matlab-Command-Windows (MCW) und übergreifende Einstellungen.

5.1 Allgemeines

→ Es wird automatisch erzeugt.

→ Ein Root-Objekt hat keinen Vorfahr.

→ Seine Kinder sind die Figure-Objekte.

→ Dieses Objekt wird durch die *Root*-Properties beschrieben.

5.2 Root-Properties

→ Man erhält den Handle des aktuellen Fensters über:

Propname: **CurrentFigure**, Propvalue: *FigureHandle*

Falls kein Figure vorhanden ist enthält die Property die leere Matrix.

→ Mit der Property

Propname: **FixedWidthFontName**, Propvalue: *FontName*

kann man festlegen welcher Font mit dem Namen *FontName* benutzt werden soll wenn man den Namen *FixedWidth* als Fontnamen benutzt.

→ Für die Angabe von Größen- und Ortsangaben benutzt man:

Propname: **Units**, Propvalue: *pixels|normalized|inches|centimeter* *|points|characters*

Die Defaulteinstellung ist *Pixels*.

→ Für die Bildschirmbeschreibung existieren die Properties:

Propname: **ScreenSize**, Propvalue: *Read only*

Man erhält einen Vektor der Form [*left, bottom, width, height*] Für alle Einheiten ist *left* = *bottom* = 0 mit Ausnahme von *pixels*. Dann ist *left* = *bottom* = 1.

Die Auflösung des Displays zeigt:

Propname: **ScreenPixelsPerInch**, Propvalue: *Read only*

Die Farbtiefe des Bildschirms wird mit

Propname: **ScreenDepth**, Propvalue: n

festgelegt. Die maximale Zahl der darstellbaren Farben ist 2^n.

Zur Erklärung der Property

Propname: **MonitorPosition**, Propvalue: $[x, y, w, h; x, y, w, h]$

wird auf *MATLAB* -Help verwiesen.

→ Die MCW-Größe in Zeilen und Spalten kann man lesen:

Propname: **CommandWindowSize**, Propvalue: *Readonly*

→ Zur Bestimmung der Lage des Pointers (Cursors) existieren zwei Properties.

Propname: **PointerWindow**, Propvalue: *Read only Figure − Handle*

Der Handle gilt für das Figure über dem der Pointer steht.

Die Property

Propname: **PointerLocation**, Propvalue: $[x, y]$

gibt die Pointer-Position in Units an. Gemessen wird von der linken unteren Ecke des Bildschirms.

Mit dieser Property kann man den Pointer auch setzen.

→ Einstellungen im MCW:

Propname: **Format**, Propvalue: *short|shortE|shortG|long|longE|longG| bank|hex| + |rat*

Propname: **FormatSpacing**, Propvalue: *compact|loose*

→ Die Anzahl der verschachtelten Funktionsaufrufe stellt man ein:

Propname: **RecursionLimit**, Propvalue: *integer*

→ Die letzte Fehlermeldung erhält man mit:

Propname: **ErrorMessage**, Propvalue: *Read only*

→ Liste alle Handles, die als *hidden* markiert sind:

Propname: **ShowHiddenHandles**, Propvalue: *on|off*

5.3 Echofunktion

→ Mit der Property

Propname: **Echo**, Propvalue: $off|on$

kann man steuern ab die Zeilen eines Scripts bei der Ausführung angezeigt werden oder nicht.

→ Wesentlich mächtiger ist die entsprechende Funktion.

– Für Script-Files gilt:

echo on	Anschalten
echo off	Ausschalten
echo	Toggeln

– Für m-Files gilt:

echo name on	Anschalten des m-Files name.m
echo name off	Ausschalten des m-Files name.m
echo name	Toggeln des m-Files name.m
echo on all	Alle m-Files anschalten
echo off all	Alle m-Files ausschalten

5.4 DiaryFunktion

→ Mit der Property

Propname: **DiaryFile**, Propvalue: $Filename$

wird ein File vereinbart. Geschieht dies nicht, so wird das Defaultfile $diary$ angenommen.

Mit der Property

Propname: **Diary**, Propvalue: $on|off$

kann die Protokollfunktion an- oder abgeschaltet werden.

Es werden alle Keyboard-Eingänge und die meisten Ausgaben registriert.

→ Es existiert auch eine entsprechende Funktion:

diary{('Filename')}
Fehlt der Name so wird diary angenommen.

diary off	Erfassung abschalten
diary on	Erfassung anschalten

6 Figure-Objekt

6.1 Einführung

→ Das Figure ist die Darstellungsfläche für alle Objekte.

→ Alle Figures sind Kinder des Root-Objekts.

→ Ein Figure beinhaltet im allgemeinen folgende Elemente:

- Die eigentliche Darstellungsfläche.
- Eine Titelzeile bestehend aus dem *Numbertitle* und dem *Namen*.
- Einen *Menubar*.
- Einen *Toolbar*.
- Einen *Pointer (Cursor)*.
- Eine *Colormap*. Siehe das Kapitel *Farbe in MATLAB* .

6.2 Funktionen

→ Ein Figure kann man erzeugen und öffnen:

F=figure{(Propertylist)}
Erzeugen und Öffnen eines Fensters.
figure(F)
Öffnen eines Fensters mit Handle F.
figcl(F)
Öffnen und Löschen eines Fensters mit Handle F.

→ Den Inhalt eines Figures kann man löschen:

clf   Lösche das aktuelle Fenster.
clf reset   Ebenso. Setze alle Properties auf Default.
Die Position-Property ist ausgenommen.

→ Zum Schließen eines Figures dient:

close{(F)}
delete{(F)}
Fehlt F dann F=gcf.

→ Den Handle des aktuellen Fensters erhält man mit:

F=get(0,'CurrentFigure')
F=gcf
Falls kein Figure vorhanden, wird eines erzeugt.

6.3 Properties

Die wesentlichsten Properties sind:

→ Sichtbarkeit:
   Propname: **Visible**, Propvalue: $on|off$

→ Verändern der Grösse eines erzeugten Figures:
   Propname: **Resize**, Propvalue: $on|off$

→ Für die Einheiten im Figure gilt:
   Propname: **Units**, Propvalue: $pixels(D)|normalized|inches|centimeters|...$
   $points|characters$

→ Position des Figures auf dem Bildschirm:
   Propname: **Position**, Propvalue: $[left\ botton\ width\ height]$

→ Hintergrundfarbe:
   Propname: **Color**, Propvalue: $k|y|m|c|r|g|b|w|[RGB]$
   Die Defaultfarbe ist $[RGB] = [0.8554\ 0.8554\ 0.8554]$.

→ Wahl der Figure-Beschreibung
   Propname: **MenuBar**, Propvalue: $none|figure$
   Propname: **Toolbar**, Propvalue: $auto|figure|none$
   Propname: **Numbertitle**, Propvalue: $on|off$
   Propname: **Name**, Propvalue: $'Name'$
   Es gibt auch die Funktionen:

plotedit({F,}'showtoolsmenu')	Anschalten
plotedit({F,}'hidetoolsmenu')	Abschalten

   Fehlt der Handle F, so ist F=gcf.

→ Die Property
   Propname: **WindowStyle**, Propvalue: $normal|modal|docked$
   hat im Prinzip zwei Funktionen:

   – Wird die Property auf *docked* gesetzt, so wird das Fenster an das Command Window gedockt. Es kann dann nur mit dem Pushbotton *undock Command Window* wieder verselbständigt werden.

   – Bei Einstellung der Property auf *normal* liegt Normalbetrieb vor. Man kann insbesondere ein anderes Fenster aktivieren.

   – Hat ein Fenster die Property *modal* und wird es aktiviert, so kann es nicht mehr verlassen werden. Nur ein Schliessen des Fensters über den entsprechenden Figure-Menu-Button ist möglich.

6.4 Pointer

→ Der Pointer (Cursor) wird über eine Property ausgewählt:

Propname: **Pointer**, Propvalue: $arrow|crosshair|watch|...$

$topl|topr|botl|botr|circle|cross|fleur|left|right|top|bottom...$

$|fullcrosshair|ibeam|custom$

→ Neben diesen vorgegebenen Cursorn kann auch ein Eigener definiert werden. Hierzu sind folgende Schritte erforderlich:

– Es ist eine 16×16 P-Matrix zu erzeugen.

– Ein Element kann schwarz (1), weiß (2) oder transparent (NaN) sein.

– Diese Matrix wird als quadratischer Cursor dargestellt. Die linke obere Ecke ist $P(1,1)$.

– Mit den Properties:

Propname: **PointerShapeCData**, Propvalue: P

Propname: **PointerShapeHotSpot**, Propvalue: $[k,l]$

wird der neue Pointer erklärt.

– Er wird mit $custom$ in der Liste der Pointer-Properties geführt.

→ Positioniert man den Cursor und drückt dann eine Maustaste, so wird die Property

Propname: **CurrentPoint**, Propvalue: $[x,y]$

gesetzt. Sie enthält die Position des $Cursor - Hotspot$ (Siehe auch $MATLAB$-$Help$).

→ Mit `cp=get(gca,'CurrentPoint')` erhält man eine 2×3−Matrix. Die Koordinate ist dann $[x,y] = cp(1,1:2)$.

7 Axes-Objekt

→ Dieses Objekt hat eine Vielzahl von Aufgaben, wie die Gestaltung des Aussehens der Darstellungsfläche, die Beschriftung von Achsen usw.

→ Das Axes-Objekt ist Kind des Figure-Objekts. Alle anderen Objekte sind Kinder von Axes.

7.1 Axes

7.1.1 Erzeugung

→ Beim Erzeugen eines Figure wird automatisch auch ein Axes-Objekt erzeugt.

→ In einem Figure können auch mehrere Axes dargestellt werden.

→ Man kann ein Axes-Objekt über eine Funktion im aktuellen Figure erzeugen:

A=axes
Platz im Figure wird voll genutzt.
A=axes('Position',[Links Rechts Breite Hoehe])

Die zugehörige Property ist:

Propname: **Position**, Propvalue: [*Links Rechts Breite Hoehe*]

→ Hierzu muss man diese Property kennen:

Propname: **Units**, Propvalue: *inches|centimeters|normalized(D)|...*

points|pixels|characters

→ Die Hintergrundfarbe von Axes wird bestimmt durch:

Propname: **Color**, Propvalue: *k|none|y|m|c|r|g|b|w|k*

→ Man kann bei dreidimensionalen Axes die Projektionsart einstellen:

Propname: **Projection**, Propvalue: *orthografic|perspective*

→ Man kann Axes im zweidimensionalen Fall mit einer *Box* und bei drei Dimensionen mit einer *Cube* einfassen. Diese Einfassungen werden auch *Plotbox* genannt. Die Property lautet:

Propname: **Box**, Propvalue: *on|off*

7.2 Subplots

→ Sehr hilfreich bei der Erzeugung mehrerer Axes ist das Konzept der *Subplots*.

→ Beispielsweise kann ein Figure mit m Zeilen und n Spalten von gleichen Subplots belegt werden.

→ Die Subplots werden mit z fortlaufend im Sinne des Fernsehscan numeriert.

→ Man kann dann für ein Subplot ein Zahlentripel $v = m, n, z$ angeben.

→ Dafür kann man auch $v = mnz$ schreiben wenn $m < 10$, $n < 10$ und $z < 10$ ist.

→ Für die Vereinbarung von Axes nach dem Subplot-Prinzip bedient man sich der Funktion:
   {S=}subplot(v)
   S ist ein Axes-Handle.

→ Man kann einzelne Subplots auch wieder zusammenfassen. So gilt beispielsweise:
   subplot(2,2,1:2)   oder
   subplot(2,2,[1,3])

→ Man kann aber auch die Position und Größe von Subplots frei festlegen. Dafür schreibt man:
   {S=}subplot('Position',[left button with height])

→ Sollen bei der Vereinbarung von Subplots Bereiche des Figures mehrfach genutzt werden, so wird *nur* die letzte Vereinbarung realisiert.

→ Eine Colormap ist einem Figure-Objekt zugeordnet. Damit haben alle Subplots die *gleiche* Colormap. Es existiert die Funktion *subimage*, die bei der Benutzung der Funktion *image* pro Subplot eine eigene Colormap ermöglicht. Siehe auch das Kapitel *Image-Objekt*.

→ Man kann auch mehrere Colormaps zu einer neuen großen Colormap zusammenfügen. Jedem Subplot kann man dann einen Startindex in die neue Farbtabelle zuordnen.

7.3 Achsen

Unter dem Begriff *Achsen, engl. Axis* werden Funktionen zusammengefasst, die mit der Bemaßung und der Beschriftung von Zeichnungen zu tun haben.

7.3.1 Sichtbarkeit

Die Achsen kann man ab- und wieder anschalten.

axis('off')   Wegschalten der Achsen.
axis('on')   Anschalten der Achsen.

7.3.2 Achsenskalierung

→ Die Achsenskalierung wird automatisch festgelegt.

→ Diese Automatik kann jedoch mit der Funktion

     axis([xmin xmax ymin ymax {zmin zmax}])

aufgehoben werden.

→ Zur automatischen Einstellung kann man mit

     axis('auto')

zurückkehren.

→ Die Achseneinstellung kann man einfrieren:

     axis('manual')

→ Zur Einstellung über Properties dient:

Propname: **XLimMode**, Propvalue: *auto|manual*

Propname: **XLim**, Propvalue: [*xmin xmax*]

Propname: **YLimMode**, Propvalue: *auto|manual*

Propname: **YLim**, Propvalue: [*ymin ymax*]

Propname: **ZLimMode**, Propvalue: *auto|manual*

Propname: **ZLim**, Propvalue: [*zmin zmax*]

→ Es existieren verschiedene Achsenkonfigurationen zu deren Einstellung folgende Funktionen dienen:

axis('square')   Achsenbereich wird quadratisch.
axis('equal')   Achsenmarkierung wird gleich.
axis('image')   Aspect ratio wird gleich dem des Bildes..
axis('vis3d')   Bei dreidimensionalen Bewegungen.
Die Einstellungen werden eingefroren um Drehungen zu ermöglichen.
axis('tight')   Achsenmarkierung wird füllend.
axis('xy')   Kartesische Achsen (Default).
Der Nullpunkt liegt links unten.
axis("ij')   Matrixkoordinaten
Der Nullpunkt liegt links oben.

7.3.3 Lage der Achsen

Die Lage der Achsen wird durch die Properties:

Propname: **XAxisLocation**, Propvalue: *bottom|top*

Propname: **YAxisLocation**, Propvalue: *left|right*

bestimmt.

7.3.4 Teilung der Achsen

Die Achsen können linear oder logarithmisch geteilt sein. Zur Einstellung dient:

Propname: **Xscale**, Propvalue: *linear|log*

Propname: **Yscale**, Propvalue: *linear|log*

Propname: **Zscale**, Propvalue: *linear|log*

7.3.5 Markierung der Achsen

Die Achsen werden automatisch mit Tick-Marken und deren Beschriftung versehen. Man kann sie aber auch über Properties vorgeben.

→ Das Anbringen von Tickmarkierungen erfolgt mit:

Propname: **'XtickMode'**, Propvalue: *auto|manual*

Propname: **'Xtick'**, Propvalue: *Vektor*

Propname: **'YtickMode'**, Propvalue: *auto|manual*

Propname: **'Ytick'**, Propvalue: *Vektor*

Propname: **'ZtickMode'**, Propvalue: *auto|manual*

Propname: **'Ztick'**, Propvalue: *Vektor*

Der Zahlen-*Vektor* mit ansteigenden Elementen gibt an wo Tickmarken zu setzen sind. Falls keine Tickmarken angebracht werden sollen ist der Vektor *empty* zu setzen.

→ Es können zur weiteren Unterteilung auch weitere Tickmarken angebracht werden:

Propname: **XMinorTick**, Propvalue: *off|on*

Propname: **YMinorTick**, Propvalue: *off|on*

Propname: **ZMinorTick**, Propvalue: *off|on*

→ Länge und Richtung der Tickmarken kann man mit Properties festlegen:

Propname: **TickLength**, Propvalue: [*2DLength 3DLength*]

Propname: **TickDirMode**, Propvalue: *auto|manual*

Propname: **TickDir**, Propvalue: *in|out*

→ Die Richtung der Achsen kann ebenfalls eingestellt werden:

Propname: **XDir**, Propvalue: *normal|reverse*

Propname: **YDir**. Propvalue: *normal|reverse*

Propname: **ZDir**, Propvalue: *normal|reverse*

7.3.6   Beschriftung der Achsen

Die Beschriftung der Tickmarken erfolgt automatisch mit Zahlen. Mit den Properties

Propname: **XTickLabelMode**, Propvalue: *auto|manual*

Propname: **YTickLabelMode**, Propvalue: *auto|manual*

Propname: **ZTickLabelMode**, Propvalue: *auto|manual*

kann man aber auch umschalten und die Beschriftung selbst vornehmen:

Propname: **XTickLabel**. Propvalue: *Vorgabe*

Propname: **YTickLabel**, Propvalue: *Vorgabe*

Propname: **ZTickLabel**, Propvalue: *Vorgabe*

Die Vorgabe hat folgende Alternativen (beispielhaft) für die Darstellung:

{$'1'$; $'2'$; $'3'$} oder $'1|2|3'$ oder $[1; 2; 3]$ oder $['1';'2';'3']$.

Ist der Vorrat an Bezeichnern abgearbeitet wird er bei Bedarf wiederholt.

7.3.7   Gitter

→ Die Zeichenfläche kann mit einem Gitter versehen werden. Dieses kann man an- und abschalten:

grid on
grid off

→ Ein erstes Gitter wird durch Properties bestimmt:

Propname: **Gridlinestyle**, Propvalue: $: | - | - - | - . | none$

Propname: **XGrid**, Propvalue: *on|off*

Propname: **YGrid**, Propvalue: *on|off*

Propname: **ZGrid**, Propvalue: *on|off*

$\rightarrow$ Für ein zweites Gitter gilt:

Propname: **MinorGridlinestyle**, Propvalue: $: | - | - - | - .|none$

Propname: **XMinorGrid**, Propvalue: $off|on$

Propname: **YMinorGrid**, Propvalue: $off|on$

Propname: **ZMinorGrid**, Propvalue: $off|on$

$\rightarrow$ Gridlines können vor oder hinter der Abbildung liegen:

Propname: **Layer**, Propvalue: $bottom|top$

7.3.8 Zeichnungsbeschriftung

$\rightarrow$ Zur Beschriftung von Achsen bedient man sich der Funktionen:

xlabel(xtext,{Propertylist})
ylabel(ytext,{Propertylist})
zlabel(ztext,{Propertylist})
title(titeltext,{Propertylist})

In der Propertylist können alle Textproperties verwendet werden.

$\rightarrow$ Zweckmäßig für die Beschriftung von Darstellungen sind die folgende Funktion:

plbsch(xtext,ytext,titel{,gr,fs})
plbsch3(xtext,ytext,ztext,titel{,gr,fs})
Fehlt gr, oder ist gr$\neq$'grid', so wird kein Gitter gezeichnet.
fs ist Fontsize. Fehlt die Angabe, wird fs=12 gesetzt.

$\rightarrow$ Es können aber auch die Properties direkt benutzt werden:

Propname: **Xlabel**, Propvalue: *String*

Propname: **Ylabel**, Propvalue: *String*

Propname: **Zlabel**, Propvalue: *String*

Propname: **Title**, Propvalue: *String*

7.3.9 Properties für Linien und Beschriftungen

$\rightarrow$ Linien-Properties

Propname: **Linewidth**, Propvalue: $0.5|0.8|1|2|5$

Propname: **XColor**, Propvalue: $w|y|m|c|r|g|b|k$

Propname: **YColor**, Propvalue: $w|y|m|c|r|g|b|k$

Propname: **ZColor**, Propvalue: $w|y|m|c|r|g|b|k$

→ Bei der Zeichnung mehrerer wird automatisch umgeschaltet:

Propname: **ColorOrder**, Propvalue: $m \times 3\ RGB - Matrix$

Propname: **LinestyleOrder**, Propvalue: $-| : | --|-$

→ Für Beschriftungen gelten folgende Properties:

Propname: **FontName**, Propvalue: $Helvetica|Courier|FixedWith$

Propname: **FontSize**, Propvalue: $10|5|15|20|25|...$

Propname: **FontWeight**, Propvalue: $normal|light|demi|bold$

Propname: **FontAngle**, Propvalue: $normal|italic|oblique$

7.3.10 Weitere Properties

Hier nicht behandelte Properties werden an anderer Stelle besprochen. Diese Properties sind:

Property	Besprochen bei
NextPlot	Grafische Objekte, Darstellung grafischer Objekte
Camera	Camera-Objekt
AmbientLightColor	Light-Objekt
Clim	Surface-Objekt
Alim	Surface-Objekt

7.4 Seitenverhältnis (Aspect ratio)

→ Bei automatischer Axeseinstellung werden die Achsen so gedehnt, dass die Figurefläche optimal ausgefüllt wird.
Dies nennt man *stretch to fill*.

→ Man kann aber das Aussehen einer grafischen Darstellung selbst bestimmen.

→ Hierzu benötigt man die bereits besprochenen *XLim-*, *YLim-* und *ZLim-Properties*.

→ Man kann auch festlegen welche physikalische Einheitslänge L welcher Datenlänge entspricht. Der Vektor $D = [\ dx\ dy\ dz\ ]$ gibt an welche Zahlen dx, dy und dz auf den drei Achsen der gleichen Länge L entsprechen. Zur Festlegung dienen die Properties:

Propname: **DataAspectRatioMode**, Propvalue: *auto|manual*

Propname: **DataAspectRatio**, Propvalue: $[\ dx\ dy\ dz\ ]$

→ Die beiden Properties *Position* und *CameraAngle* haben ebenfalls Einfluß auf das Seitenverhältnis. Sie werden an anderer Stelle besprochen.

→ Es existiert auch eine Funktion zur Einstellung der Properties:

daspect({HA},'auto')
daspect({HA},'manual')
daspect({HA},[dx dy dz])
daspect({HA},'')
Fehlt der Axeshandle HA wird HA=gca angenommen.

Zum Auslesen der Properties dient:

mode=daspect({HA},'mode')
D=daspect{(HA)}

→ Man kann auch die Lage der Plotbox festlegen:

Propname: **Box**, Propvalue: *on|off*

Propname: **PlotBoxAspectRatioMode**, Propvalue: *auto|manual*

Propname: **PlotBoxAspectRatio**, Propvalue: [*px py pz*]

Auch hier kann man die Properties über Funktionen einstellen:

pbaspect({HA},'auto')
pbaspect({HA},'manual')
pbaspect({HA},[dx dy dz])
pbaspect({HA},'')
Fehlt der Axeshandle HA wird HA=gca angenommen.

Zum Auslesen der Properties dient:

mode=pbspect({HA},'mode')
D=pbspect{(HA)}

7.5 Verbinden von Axes

→ Es ist möglich für mehrere Axes die gleiche Achsteilung automatisch einzu-
stellen.

→ Dazu ruft man

linkaxes(HA,{'option'})
option=x|y|xy|off

→ Der Axes-Handles-Vektor HA bestimmt bei welchen Axes-Objekten die Achsteilung gleich wird. Der Handle $HA(1)$ bestimmt dabei die Achsenteilung.

→ Mit dem Optionstring wird bestimmt welche Achsen von der Angleichung be-
troffen sind.

7.6 Multi-Axes

Will man zwei Kurven in unterschiedlichen Maßstäben in einem Bild darstellen, so bietet sich das folgende Verfahren an.

→ Erzeuge zwei Axes mit gleicher *Position − Property*.

→ In einem Axes werden die Achsen links und unten angebracht. Im anderen Axes sollten sich die Achsen rechts und oben befinden. Außerdem können unterschiedliche Farben benutzt werden.

→ Um mit *einem* Gitter ein übersichtliches Bild zu erzeugen muss die Achsteilung in beiden Axes gleich sein.

→ Nun können in jedes Axes Kurven gezeichnet werden.

7.7 Farbfestlegung bei Axes

→ Es besteht die Möglichkeit den Figure- undAxes-Hintergrund farblich unterschiedlich zu gestalten und die Axislinien entsprechend farblich darzustellen.

→ Die erforderliche Funktion ist:
   colordef ('white')
   colordef ('black')
   colordef ('none')

Das Argument definiert die Axes-Hintergrund-Farbe. Bei 'none' ist sie gleich dem Figure-Hintergrund.

→ Vor Aufruf der Funktion muss das Figure leer sein!

→ Die Funktion
   whitebg{(F)}
   Fehlt F dann aktuelles Fenster.

schaltet Axes von schwarz auf weiss und umgekehrt um.

7.8 Farbumschaltung beim Drucken von Grafik-Objekten

→ Es werden nur Axes und ihre Children gedruckt.

→ Bei Bildschirmen ist es üblich aus Kontrastgründen die Hintergrundfarbe von Axes auf Schwarz zu setzen.

→ Vor dem Drucken eines Bildschirmabzuges wird deshalb automatisch Schwarz nach Weiß und umgekehrt gewandelt. Alle anderen Farben bleiben unverändert.

→ Die Farbumkehr greift nicht bei Image- und Uicontrol-Objekten.

→ Wenn man die Zeichnung drucken will sollte man die Farbe Gelb nicht verwenden.

→ Diese Farbumschaltung kann man über eine Figure-Property an- und abschalten:

Propname: **InvertHardcopy**, Propvalue: $on|off$

7.9 Cursor-Position

In der Property

Propname: **CurrentPoint**, Propvalue: M

gilt:

$$M = \begin{pmatrix} x_f & y_f & z_f \\ x_b & y_b & z_b \end{pmatrix}. \tag{7.1}$$

Die Cursorposition ist $C = M(1, :)$. Weiteres über M siehe *MATLAB-Help* .

7.10 Koordinatenumrechnung

Man kann normalisierte Axes-Koordinaten (x, y) in normalisierte Figure-Koordinaten (fx, fy) umrechnen. Dazu ruft man

[fx,fy]=dsxy2figxy(A,x,y)
Üblich: A=gca.

7.11 Entfernen von Objekten, Löschen von Axes

Mit der Funktion

cla({H}{,'reset'})
H: Axes-Handle, fehlt H: H=gca.

kann man alle Objekte, die Kinder von Axes sind, löschen. Ist *reset* vorhanden, werden auch die Axes-Properties, mit Ausnahme von Position und Units, gelöscht.

8 Texte und Text-Objekt

Texte sind eine wichtige Ergänzung der Objekte zur grafischen Darstellungen.

8.1 Texte

→ Texte bestehen aus einzelnen Zeichen (Charactern).

→ Daraus können Characterstrings und Characterarrays gebildet werden.

→ Diese Elemente können auch in Cells gespeichert werden.

→ Es stehen 277 verschiedene Zeichenfonts zur Verfügung.
In Texten werden auch Sonderzeichen im TEX-Code akzeptiert.
Siehe das Kapitel Zeichensätze.

→ In einem Text können auch weitere TEX-Anweisungen der Form \SA stehen.
Derartige Sonderanweisungen sind in der Tabelle aufgeführt:

\SA	Wirkung
\bf	Text wird in **Boldface** dargestellt.
\it	Text wird in *Italic* dargestellt.
\sl	Text wird in *Slanted* dargestellt.
\rm	Text wird im normalen Font dargestellt.
\fontname{Name}	Text mit dem Font name
\fontsize{Größe}	Schriftgrösse
\color{col}	Schriftfarbe

Für die Farbe col gibt es folgende Möglichkeiten:

**red|green|yellow|magenta|blue|black|white|gray|
darkGreen|orange|lightBlue**

→ Für die Funktion

s=texlabel(f,{'literal'})

wird auf *MATLAB*-Help verwiesen. Zur Erklärung dient das Demonstrationsprogramm.

→ Man kann auch einen Textblock editierbar machen. Dazu muss man die Property *Plot-Edit-Mode* einschalten (siehe Kapitel 1.3.3).

→ Diesen Mode kann man durch Drücken der *Esc*-Taste verlassen.

8.2 Text-Objekt

→ Zum Anbringen von Text in einem Figure oder Subplot und zur Veränderung eines Textobjekts dienen die Funktionen:

{H=}text(x,y{,z},tx)
{H=}text(x,y{,z},tx,{Propertylist})
{H=}text(Propertylist)
set(H,Propertylist)

Die Position des Textes tx ist x und y. Im dreidimensionalen Fall kommt z hinzu.

Der Text tx (String oder Stringarray) wird als Block an die Stelle (x,y,z) gesetzt.

Sind x, y und z Vektoren, so sind x_i, y_i und z_i die Position der i. Zeile des Stringarray.

H ist der Handle dieses Textobjekts.

→ Man kann den Text im Figure mit einem Cursor plazieren:

gtext('Text1'{,Propertylist})
gtext('Text1','Text2',...,'Textn'{,Propertylist})
Alle Texte als Block.
gtext('Text1';'Text2';...;'Textn'{,Propertylist})
Jeder Text an eigener Cursorposizion.

8.3 Text-Properties

Nachfolgend werden die wichtigsten Properties dargestellt.

→ Der Text-Container:

Propname: **String**, Propvalue: $Text$

→ Sichtbarkeit von Text:

Propname: **Visible**, Propvalue: $on|off$

Propname: **Clipping**, Propvalue: $off|on$

Propname: **Erasemode**, Propvalue: $normal|none|xor|background$

Zur Demonstration der Erase-Property wird auch auf das Demonstrationsprogramm $DemoTextErase.m$ verwiesen.

→ Editierung und Plazierung von Text:

Propname: **Editing**, Propvalue: $off|on$

Propname: **Position**, Propvalue: $[x,y] - Vektor$

→ Die Farbe des Textes wird eingestellt:
  Propname: **Color**, Propvalue: $w|y|m|c|r|g|b|w|k$

→ Das Erscheinungsbild eines Textes wird bestimmt durch die Properties:
  Propname: **Interpreter**, Propvalue: $tex|none$
  Propname: **FontName**, Propvalue: $Helvetica|Courier|FixedWith$
  Propname: **FontSize**, Propvalue: $10|5|15|20|25|30$
  Propname: **FontWeight**, Propvalue: $normal|light|demi|bold$
  Propname: **FontAngle**, Propvalue: $normal|italic|oblique$
  Propname: **Rotation**, Propvalue: $0|30|90|120|180|230|270|330$

→ Zur Lokalisierung des Textes relativ zu Position dient:
  Propname: **HorizontalAlignment**, Propvalue: $left|center|right$
  Propname: **VerticalAlignment**, Propvalue: $middle|top|cap|baseline|bottom$

→ Zur Textumrandung dient:
  Propname: **Linestyle**, Propvalue: $none| - | - -| : | - .$
  Propname: **Linewidth**, Propvalue: $0.5|1|2|3|5|10|20$
  Propname: **Margin**, Propvalue: $2|1|3|5|10|15|20$

→ Für die Farbgestaltung kann man folgende Properties benutzen:
  Propname: **Edgecolor**, Propvalue: $none|y|m|c|r|g|b|w|k$
  Propname: **BackgroundColor**, Propvalue: $none|y|m|c|r|g|b|w|k$

→ Zur Auswahlmarkierung benutzt man:
  Propname: **Selected**, Propvalue: $off|on$
  Propname: **SelectionHighlight**, Propvalue: $on|off$

8.4 Eine Funktion zur Einstellung des Schriftbildes

→ Es existiert eine interaktive Möglichkeit zur Einstellung des Schriftbildes.

→ Ein Text soll nun mit T=text(x,y,'Ein Text') erzeugt werden.

→ Durch Aufruf der Funktion
  S=uisetfont(T{,ti})
  ti: Figurename.

  wird ein modales Figure mit Popupmenus eröffnet. Man kann dann folgende
  Properties des Text-Objekts mit Handle T interaktiv einstellen:
  FontName, FontWeight, FontAngle, FontSize, FontUnits.

→ Diese Properties werden auch in einer Struktur S ausgegeben. Dabei sind die Feldnamen gleich den Propertynamen und der Feldwert gleich dem Propertyvalue.

→ Diese Methode funktioniert auch bei Uicontrol-Objekten mit einer String-Property.

→ Mit `set(Tn,S)` kann man dann ein anderes Objekt mit String-Property ebenfalls auf die Werte in S einstellen.

→ Macht man im MCW nacheinander die Eingaben

```
T=text;uisetfont(T)
```

so erscheint ein Fenster. Man kann nun einen Font auswählen. Seine Kennwerte erscheinen im MCW.

8.5 Latax-Font

\alpha	α	\rfloor	⌋	\cong	≅	\circ	°
\beta	β	\lfloor	⌊	\approx	≈	\pm	±
\gamma	γ	\perp	⊥	\Re	ℜ	\geq	≥
\delta	δ	\wedge	∧	\oplus	⊕	\propto	∝
\epsilon	ε	\rceil	⌉	\cup	∪	\partial	∂
\zeta	ζ	\vee	∨	\subseteq	⊆	\bullet	•
\eta	η	\langle	⟨	\in	∈	\div	÷
\theta	θ	\upsilon	υ	\lceil	⌈	\neq	≠
\vartheta	ϑ	\phi	φ	\cdot	·	\aleph	ℵ
\iota	ι	\chi	χ	\neg	¬	\wp	℘
\kappa	κ	\psi	ψ	\times	×	\oslash	∅
\lambda	λ	\omega	ω	\surd	√	\supseteq	⊇
\mu	μ	\Gamma	Γ	\varpi	ϖ	\subset	⊂
\nu	ν	\Delta	Δ	\rangle	⟩	\o	o
\xi	ξ	\Theta	Θ	\sim	∼	\nabla	∇
\pi	π	\Lambda	Λ	\leq	≤	\ldots	…
\rho	ρ	\Xi	Ξ	\infty	∞	\prime	′
\sigma	σ	\Pi	Π	\clubsuit	♣	\0	∅
\varsigma	ς	\Sigma	Σ	\diamondsuit	♦	\mid	ǀ
\tau	τ	\Upsilon	Υ	\heartsuit	♥	\copyright	©
\equiv	≡	\Phi	Φ	\spadesuit	♠	\{	{
\Im	ℑ	\Psi	Ψ	\leftrightarrow	↔	\}	}
\otimes	⊗	\Omega	Ω	\leftarrow	←		
\cap	∩	\forall	∀	\uparrow	↑	\∧	∧
\supset	⊃	\exists	∃	\rightarrow	→	\\	\
\int	∫	\ni	∋	\downarrow	↓		

Abbildung 8.1: In Matlab erlaubte TEX-Sonderzeichen

46

9 Plotfunktion, Line-Objekt

Die Plotfunktion dient zur Darstellung von zwei- und begrenzt auch dreidimensionalen Objekten.

9.1 Grundlagen

9.1.1 Funktionen mit einer unabhängigen Variablen

→ Es wird die grafische Darstellung von Funktionen der Form:

$$y \;=\; f(x) \tag{9.1}$$

behandelt.

→ Zur Diskretisierung setzt man:

$$
\begin{aligned}
x &= [x_1 \; x_2 \cdots x_i \cdots x_n] \\
y = f(x) &= [y_1 \; y_2 \cdots y_i \cdots y_n] \quad \text{und erhält:}
\end{aligned}
\tag{9.2}
$$

Dabei müssen die x_i keiner Ordnungsrelation genügen.

→ Es kann auch eine Parameterdarstellung mit $x = \alpha(t)$ und $y = \beta(t)$ vorliegen. Dann gilt entsprechend:

$$
\begin{aligned}
t &= [t_1 \; t_2 \cdots t_i \cdots t_n] \quad \text{und erhält:} \\
x(t) &= [x_1 \; x_2 \cdots x_i \cdots x_n] \\
y(t) &= [y_1 \; y_2 \cdots y_i \cdots y_n]
\end{aligned}
\tag{9.3}
$$

→ Die Punkte $P_i = (x_i, y_i)$, auch Marker genannt, können in einem zweidimensionalen kartesischen Koordinatensystem dargestellt werden.

→ Ebenso kann man zwei Punkte P_i und P_{i+1} durch ein Geradenstück (Strecke, Line) miteinander verbinden.

→ Bei genügend kleinem Abstand zwischen zwei Punkten entsteht der Eindruck einer glatten Kurve.

→ Die Erzeugung der Kurven nennt man *Plotten*. Das zugehörige Objekt heißt aus historischen Gründen *Line-Objekt*.

9.1.2 Funktionen mit zwei unabhängigen Variablen

→ Nun gilt:

$$z = f(x, y). \tag{9.4}$$

→ Die Diskretisierung erfolgt entsprechend.

→ Die Punkte $P_i = (x_i, y_i, z_i)$ können nun in einem dreidimensionalen kartesischen Koordinatensystem dargestellt werden.

→ Alle weiteren Aussagen Aussagen für die zweidimensionale Darstellung gelten entsprechend.

9.2 Plot-Funktionen

9.2.1 Plotfunktionen für zweidimensionale Darstellungen

→ Zur Darstellung von Funktionen $y = f(x)$ dient:

P=plot(x,y{,'FLM'}{,Propertylist})
P=plot(y{,'FLM'}{,Propertylist})
In diesem Fall wird über dem Index von y dargestellt.
P=plot(x1,y1{,'FLM'},...,xn,yn{,'FLM'}{,Propertylist})

→ Die *Line − Funktion* entspricht der *Plot − Funktion*. Auch die Properties sind gleich.

H=line(x,y{,Propertylist})
H=line(Propertylist)

→ x und y Matrizen sein. Abhängig vom Typ der Variablen gilt:

Aufruf	Was wird geplottet?
plot(x)	Alle Spalten der Matrix x über dem Zeilenindex.
plot(t,x)	Alle Spalten der Matrix x über dem Vektor t.
plot(x,t)	Nicht üblich. Gedrehtes Bild nach (2).
plot(x,y)	Spalten von y über den entsprechenden Spalten von x.

→ Ist eine komplexe Matrix z=x ı iy gegeben so sind die Aufrufe plot(z) oder plot(real(z),imag(z)) mit dem Aufruf plot(x,y) ergebnisgleich.

→ Der Linetypstring 'FLM' dient der Gestaltung der Farbe (F), des Linien (L)- und des Markerstils (M)

→ Die Möglichkeiten für die Farbwahl F) sind:

F	RGB	Name	F	RGB	Name
y	[110])	Gelb	g	[010]	Grün
m	[101]	Magenta	b	[001]	Blau
c	[011]	Zyan	w	[111]	Weiss
r	[100]	Rot	k	[000]	Schwarz

→ Die Möglichkeiten für den Linientyp sind:

L	Name	L	Name
-	Durchgezogene Linie	–	Gestrichelte Linie
:	Punktierte Linie	-.	Strichpunktierte Linie

→ Für die Marker gilt:

M	Name	M	Name
+	Pluszeichen	s	Quadrat
o	Kreis	d	Diamant
*	Stern	p	Pentagramm
.	Punkt	h	Hexagramm
x	Kreuz		
∧	Aufwärtspfeil		
v	Abwärtspfeil		
<	Linkspfeil	>	Rechtspfeil

→ Wie oben gezeigt kann man über den Linientypstring die Farbe des Graphen wählen. Werden mit einem Aufruf der Plot-Funktion mehrere Graphen erzeugt und nicht die Farbe im Linientypstring gewählt, so greift die *Axes-Colororder-Property*. Siehe Kapitel 3.1.

9.2.2 Plotfunktion für dreidimensionale Darstellungen

→ Diese Plotfunktion dient zur Darstellung von Funktionen $z = f(x, y)$.

→ Sie besitzt folgende Gestaltung der Aufrufliste:

P=plot3(x,y,z{,'FLM'}{,Propertylist})
P=plot3(x1,y1,z1{,'FLM'},x2,y2,z2{,'FLM'}{,Propertylist})

→ x, y und y können auch Vektoren und Matrizen sein.

→ Für die restlichen Aufrufparameter gilt das oben Gesagte.

9.2.3 Plotten zweidimensionaler Funktionen in logarithmischer Achsteilung

→ In vielen Fällen sind logarithmische Darstellungen von Funktionen zweckmäßig.

→ Für die Darstellung mit logatithmisch geteilter x- oder y-Achse sowie zur doppeltlogarithmischen Darstellung existieren die Funktionen:

H=semilogx(x,y,{'FLM'},{Propertylist})
H=semilogy(x,y,{'FLM'},{Propertylist})
H=loglog(x,y,{'FLM'},{Propertylist})

→ Wie bei den Plotfunktionen gelten die *Line*-Properties.

→ Siehe auch Kapitel 6.3.4.

9.2.4 Line-Properties

Die Plotfunktionen haben Line-Properties.

→ Die Sichtbarkeit eines Objekts wird mit folgenden Properties gesteuert:

Propname: **Visible**, Propvalue: $on|off$

Propname: **Clipping**, Propvalue: $on|off$

Propname: **EraseMode**, Propvalue: $normal|none|xor|background$

→ Eine Gerade kann mit folgenden Properties beeinflußt werden:

Propname: **LineStyle**, Propvalue: $.-|--|:|-.|none$

Propname: **Linewidth**, Propvalue: $0.5|0.7|0.9|1.1|1.3|1.5|2|4|10$

Propname: **Color**, Propvalue: $none|y|m|c|r|g|b|w|k$

→ Die Marker werden wie folgt eingestellt:

Propname: **Marker**, Propvalue: $none|+|o|*|.|x|s|d|v|<|>|p|h$

Propname: **Markersize**, Propvalue: $6|1|2|3|4|5|7|8|9|10|12$

Propname: **MarkerFacecolor**, Propvalue: $auto|none|y|m|c|r|g|b|w|k$

Propname: **MarkerEdgecolor**, Propvalue: $auto|none|y|m|c|r|g|b|w|k$

9.3 Die Funktion fplot

→ Es existiert auch eine spezielle Plotfunktion. Diese erlaubt das Plotten zwischen Grenzen ohne auf die Schrittweite achten zu müssen.

→ Es sei eine Funktion $y = f(x)$ in *MATLAB* unter dem Namen $y = Func(x)$ definiert.

→ Für diese Funktion ist der Funktionshandle $FH = @Func$.

→ Zum Plotten ruft man nun
fplot(FH,gr{,tol}{,n}{,FLM})
FLM: Siehe Plotfunktion.
n: Mindestanzahl von Punkten ist n+1.

→ Die Zeichnung wird in den Grenzen $gr = [ug, og]$ mit Toleranz *tol* (Default: 2e-3) erstellt. Die Schrittweite ist beschränkt auf:

$$w = \frac{x_{max} - x_{min}}{n} \tag{9.5}$$

→ Man kann mehrere Funktionen in der Vereinbarung $y = Func(x)$ definieren. Alle Funktionen werden über dem gleichen Eingangsvektor x ermittelt. Jede Spalte der y-Matrix enthält die Werte für eine Funktion.

10 Spezielle Plots

10.1 Plotten zeitdiskreter Signale

→ Zeitdiskrete Signale lassen sich wie folgt beschreiben:

$$x^*(t) = \sum_{n=0}^{N} x_n \delta(t - nT) \quad \text{mit der Tastperiode} \quad T. \tag{10.1}$$

→ Zur Darstellung dieser Signale $x^*(t)$ dient die Funktion:

H=stem({t,}x{,'FLM'}{,Propertylist})
Fehlt der Vektor t, so wird über dem Index von x geplottet.

→ Es existiert auch eine Version für dreidimensionale Darstellungen:

H=stem3(x,y,z,{,'FLM'})
Es wird z=f(x,y) geplottet.

→ Der String *FLM* entspricht dem String bei der Plotfunktion.

→ Für die weitere Ausgestaltungen der Aufrufparameter siehe *MATLAB-Help* .

→ Für dieses Objekt gelten die *Stemseries*-Properties:

– Sichtbarkeit der Darstellung:
Propname: **Visible**, Propvalue: *on|off*
Propname: **Clipping**, Propvalue: *on|off*

– Darstellung der Linien:
Propname: **LineStyle**, Propvalue: $-|--|:|-.|none$
Propname: **Linewidth**, Propvalue: 0.5|0.7|0.9|1.1|1.3|1.5|2|4|6
Propname: **Color**, Propvalue: *w|y|m|c|r|g|b|k*

– Gestaltung der Marker:
Propname: **Marker**, Propvalue: $none|+|o|*|.|x|s|d|^{|}v|<|>|p|h$
Propname: **Markersize**, Propvalue: 6|1|2|3|4|5|7|8|9|10|12|14
Propname: **MarkerEdgeColor**, Propvalue: *auto|w|y|m|c|r|g|b|k|none*
Propname: **MarkerFaceColor**, Propvalue: *auto|w|y|m|c|r|g|b||k|none*

10.2 Plotten von Stufenfunktionen

→ Es handelt sich um eine spezielle Darstellung von Signalen. Ihre mathematische Beschreibung ist:

$$x_R(t) = \sum_{n=0}^{N} x_n rect(t - nT, \tau) :$$ (10.2)

T ist die Tastperiode und τ die Pulsdauer.

→ Zur Darstellung dieser Signalform dient die Funktion:

H=stairs({t,}Y{,'FLM'}{,Propertylist})
Es werden die Spalten von $Y(t)$ als Stufenfunktionen geplottet.
Fehlt t so wird über dem Zeilenindex dargestellt.

→ Bezüglich des Strings $'FLM'$ siehe die Plotfunktion.

→ Dieses Objekt hat *Stairseries*-Properties.

– Die Sichtbarkeit eines Objekts wird mit zwei Properties gesteuert:
Propname: **Visible**, Propvalue: $on|off$
Propname: **Clipping**, Propvalue: $on|off$

– Eine Gerade kann mit folgenden Properties beeinflußt werden:
Propname: **LineStyle**, Propvalue: $- | - -|:|-.|none$
Propname: **Linewidth**, Propvalue: $0.5|0.7|0.9|1.1|1.3|1.5|2|4|10$
Propname: **Color**, Propvalue: $none|y|m|c|r|g|b|w|k$

– Die Marker werden wie folgt eingestellt:
Propname: **Marker**, Propvalue: $none| + |o| * |.|x|s|d|'v| < | > |p|h$
Propname: **Markersize**, Propvalue: $6|1|2|3|4|5|7|8|9|10|12$
Propname: **MarkerFacecolor**, Propvalue: $auto|none|y|m|c|r|g|b|w|k$
Propname: **MarkerEdgecolor**, Propvalue: $auto|none|y|m|c|r|g|b|w|k$

10.3 Area-Plots

→ Für der Matrix

$$A = \begin{pmatrix} a_{11} & a_{12} & \cdots & a_{1m} \\ a_{21} & a_{22} & \cdots & a_{2m} \\ \cdots\cdots\cdots\cdots\cdots \\ a_{n1} & a_{n2} & \cdots & a_{nm} \end{pmatrix}$$ (10.3)

wird die Matrix

$$B = \begin{pmatrix} b_{11} & b_{12} & \cdots & b_{1m} \\ b_{21} & b_{22} & \cdots & b_{2m} \\ \dotfill \\ b_{n1} & b_{n2} & \cdots & b_{nm} \end{pmatrix} \tag{10.4}$$

berechnet. Die Elemente b sind die kummulative Spaltensumme der Matrix A. Es gilt somit:

$$b_{i,k} = \sum_{v=1}^{k} a_{i,v} \quad \text{für} \quad 1 \le i \le n \quad \text{und} \quad 1 \le k \le m. \tag{10.5}$$

→ Es werden die Spalten der Matrix b über dem Zeilenindex dargestellt.

→ Die Flächen zwischen den Kurven werden mit Farbe gefüllt.

→ Folgende Aufrufe sind möglich:
  H=area(Y{,Propertylist})
  Siehe Matlab-Help für weitere Aufruflisten.

→ Es handelt sich um mehrere Hggroup-Objekte vom Typ *Specgraph.areaseries*. Letzlich sind es Patch-Properties.

→ Bezüglich weiterer Funktionsaufrufe siehe *MATLAB-Help* .

10.4 Bar-Plot

→ Gegeben sei eine Matrix

$$A = \begin{pmatrix} a_{11} & a_{12} & \cdots & a_{1m} \\ a_{21} & a_{22} & \cdots & a_{2m} \\ \dotfill \\ a_{n1} & a_{n2} & \cdots & a_{nm} \end{pmatrix} \tag{10.6}$$

mit m Zeilen und n Spalten.

→ Jedes Element der Matrix wird als *Balken* dargestellt.

→ Alle Elemente einer Spalte haben gleiche Farbe.

→ Alle Elemente einer Zeile bilden eine Gruppe. Die Gruppen werden über dem Zeilenindex n dargestellt.

→ In einer Gruppe werden die Elemente über dem Spaltenindex m dargestellt.

→ Folgende Aufrufe sind möglich:

H=bar(Y)   Senkrechte Anordnung
H=barh(Y)   Waagrechte Anordnung
Für weitere Aufrufformen siehe Matlab-Help.

→ Das Objekt hat *Stairseries*-Properties:

– Sichtbarkeit der Darstellung:
Propname: **Visible**, Propvalue: *on|off*
Propname: **Clipping**, Propvalue: *on|off*

– Zur Bildgestaltung dient:
Propname: **BarLayout**, Propvalue: *grouped|stacked*
Propname: **Barwidth**, Propvalue: 0.5|0.7|0.8|1|1.2|1.4|1.6

– Liniengestaltung:
Propname: **LineStyle**, Propvalue: $-|--|:|-.|none$
Propname: **Linewidth**, Propvalue: 0.7|0.9|1.1|1.3|1.5|2|4

– Für die Farbgestaltung existiert:
Propname: **FaceColor**, Propvalue: *flat|w|y|m|c|r|g|b||k|none*
Propname: **EdgeColor**, Propvalue: *w|y|m|c|r|g|b|none*

10.5   Histogramm-Plots

10.5.1   Plotten der Dichtefunktion

→ Dieses Programm dient der Berechnung und Darstellung von Histogrammen.

→ Folgende Aufrufe sind möglich:

{[n,o]}=hist(Y{,nbins})
Fehlt *nbins*, so wird dafür 10 als Default angenommen.
{[n,o]}=hist(Y{,x})
x: Vektor für Bereichsteilung.
Bei fehlenden Ausgabeparametern wird geplottet.

→ Die Komponenten des Vektor Y werden in *nbins* Bereiche oder in Bereiche, die durch den Vektor x vorgegeben sind, sortiert. Die Anzahl pro Bereich wird in o ausgegeben. Die Mitte des Bereichs ist n.

→ Dieses Objekt hat *patch*-Properties.

→ Die Funktion liefert keinen Handle. Den Handle dieses Objekts erreicht man mit:

$H = findobj(gca,'Type','patch')$

→ Das Aussehen eines Histogramm-Plots wird wesentlich durch einige Axes- und Patch-Properties bestimmt.

10.5.2 Plotten der Verteilungsfunktion

→ Zur Ermittlung der Verteilungsfunktion dient
   v=histc(Y,x)
   Y,x: Bedeutung wie bei hist().

→ Die Darstellung erhält man mit
   a=cumsum(v)
   bar(w,a)

10.6 Scatter-Funktionen

→ Hierbei handelt es sich um eine Gruppe von Funktionen die mit den Plotfunktionen sehr verwandt sind.

→ Sie dienen der Darstellung von Datentripeln (x, y, z). Dabei muss zwischen den Daten kein funktioneller Zusammenhang bestehen. Man spricht daher von *Streudaten*.

10.6.1 Zweidimensionale Darstellung

→ In der Ebene wird an der Stelle (x, y) ein Marker dargestellt. Die Größe z kann durch Einfärbung des Markers berücksichtigt werden.

→ Die Erzeugungsfunktion ist
   S=scatter(X,Y{,m{,C{,mtyp{,'fi'{,Propertylist}}}}})
   S: Handle (Hggroup)
   X,Y: Matrizen
   m: Markergrösse. Falls Skalar: für alle Punkte, oder Vektor.
   C: Farbe der Marker.
   Entweder ein Colorspec-Charakter, oder Vektor mit size(C)=size(X)
   als Colormap-Index, oder RGB-Vektor C.
   mtyp: Marker-Character. filled: Angabe bei Markern mit Farbfüllung.

→ Das Objekt hat Hggroup-Properties.

10.6.2 Dreidimensionale Darstellung

→ Über der xy-Ebene wird der Punkt in der Höhe z dargestellt.

→ Die Erzeugungsfunktion lautet:
   S=scatter3(X,Y,Z{,m{,C{,mtyp{,'fi'{,Propertylist}}}}})
   Für die Variablenbedeutung siehe vorstehende Funktion.

→ Das Objekt hat ebenfalls Hggroup-Properties.

10.6.3 Kombination von Scatter- und Dichtefunktion-Plots

Eine Kombination von Plots für die Scatter- und für dir Dichte-Funktion erhält man
mit der Funktion *plotmatrix*. Siehe hierzu *MATLAB-Help* .

10.7 Plotten von Fehlerbalken

→ Man kann einen zweidimensionalen Plot $y = f(x)$ mit Fehlerbalken versehen.

→ Dazu ruft man
    H=errorbar({x,}y,e{,FLM})
    H=errorbar({x,}y,u,o{,FLM})
    H= Objekt-Handle
    Bei fehlendem x wird über dem Index geplottet.
    FLM wie bei der Plotfunktion.

→ Der Fehlerbalken kann symmetrisch (e) oder unsymmetrisch (u,o) sein.

→ Dieses Objekt hat Hggroup-Properties.

10.8 Berechnung der komplexen Hülle einer Punktmenge

→ Es wird eine polygonale Umrandung für eine Punktmenge $P_k(x_k, y_k)$ gesucht.
    Alle Koordinaten sind in den Vektoren x und y zusammengefasst.

→ Alle Punkte liegen auf dem Polynom oder in seinem Inneren.

→ Dies erreicht man mit der Funktion
    [k{,a}]=convhull(x,y{,optionen})
    k: Vektor der Indizes in x und y für die Punkte auf der Hülle.
    a: Fläche des Polygons.
    Für *options* siehe *MATLAB-Help* .

11 Polardarstellungen

11.1 Mathematische Grundlagen

→ In kartesischen Koordinaten wird ein Punkt $P(x, y)$ durch die rechtwinkeligen Koordinaten (x, y) dargestellt.

→ Der Punkt kann aber auch als $P(r, w)$ in Polarkoordinaten dargestellt werden. Dabei ist r der Abstand zum Nullpunkt des Koordinatensystems und w sein Winkel gegen die x-Achse.

→ Den Vektor vom Nullpunkt des Koordinatensystems zum Punkt P nennt man Ortsvektor.

→ In der gausschen Zahlenebene kann man einen Punkt $P(z)$ durch:

$$z = x + jy \quad \text{oder als} \quad z = r\exp(jw) \tag{11.1}$$

darstellen.

→ Man kann die Koordinaten für mehrere Punkte auch in Vektoren (x, y) bzw. (r, w) zusammenfassen. Es entstehen dann Vektoren X, Y bzw. R, W.

→ Sind die Koordinaten Funktionen eines Parameters t, gilt also:

$$z(t) = x(t) + jy(t) \quad \text{für} \quad t = t_u : \delta t : t_o \tag{11.2}$$

so kann man die Werte x_i, y_i und z_i für $t = t_i$ ebenfalls in Vektoren X, Y und Z zusammenfassen.

→ Entsprechendes gilt auch für die Polarkoordinaten. Es entsteht dann W, R.

11.2 Funktionen

→ **Compass-Funktion** zur Darstellung von Ortsvektoren:
   H=compass(Z{,'FLM'}{,Propertylist})
   H=compass(X,Y{,'FLM'}{,Propertylist})

$\rightarrow$ **Polar-Funktion**

    – Zur Darstellung der Funktion $W = W(t)$ und $R = R(t)$ dient die Funktion:

        H=polar(W,R{,'FLM'})

$\rightarrow$ Für alle Funktionen gelten die Line-Properties.

$\rightarrow$ Zu FLM siehe das Line-Objekt.

12 Delaunay-Triangulation und Voronoi-Diagramm

Es werden zwei zueinander duale Verfahren zur Flächenzerlegung besprochen. Bei dem einen Verfahren wird die Fläche in Dreiecke zerlegt. Im zweiten Verfahren sind die Zerlegungsformen komplexer.

12.1 Delaunay-Triangulation

12.1.1 Begriffsfestlegung

→ Es sei eine Menge von Punkten $P_k(x_k, y_k)$ in der $xy - Ebene$ gegeben.

→ Jeweils drei dieser Punkte sollen zu Dreiecken verbunden werden. Es entsteht die *Delaunay-Triangulation*.

→ Bei jedem dieser Dreiecke muss die *Umkreisbedingung* sichergestellt sein. Diese lautet:

Der Umkreis eines Dreiecks darf keine weiteren Punkte der vorgegebenen Punktmenge enthalten.

→ Die Delaunay-Triangulation ist nicht eindeutig, falls auf einem Umkreis mehr als drei Punkte liegen.

→ Es existieren verschiedene Verfahren zur Berechnung der Dreiecke.

12.1.2 Berechnung der Triangulation

→ Hierzu dient die Funktion
T=delaunay(X,Y{,opt})
Zu den Optionen *opt* siehe *MATLAB-Help* .

Bilden die Punkte P_k, P_l, P_m das r-te Dreieck, so steht in den Vektoren

$$X = [\ldots x_k \ldots x_l \ldots x_m] \quad \text{und} \quad Y = [\ldots y_k \ldots y_l \ldots y_m]. \tag{12.1}$$

In der $n \times 3$-Matrix T steht dann $T(r,:) = [k, l, m]$.

12.1.3 Darstellung der Triangulation

→ Zur Darstellung der Delaunay-Triangulation benutzt man die Funktion

HT=triplot(T,X,Y)
HT: Line-Handle.
X,Y,T: Wie bei der Funktion *delaunay*.

→ Eine weitere Darstellung ergibt sich mit den Funktionen

H=trimesh(T,X,Y,Z{,C}{,Propertylist})
H=trisurf(T,X,Y,Z{,C}{,Propertylist})
H: Patch-Handle, mit Propertylist.
X,Y,T: Wie bei der Funktion *delaunay*.
Z: Matrix mit beliebigen Werten. Es muss $size(Z) = size(X)$ gelten.

→ Es ist möglich das Delaunay-Dreieck des Punktes $P(xp, yp)$ zu suchen. Dazu ruft man

k=tsearch(X,Y,T,xp,yp)
X,Y,T: Wie bei der Funktion *delaunay*.

Der Punkt $P(xp, yp)$ liegt im Dreieck, dessen Eckpunkte in $T(k, :)$ stehen. Es kann mit der Funktion *triplot* dargestellt werden.

12.2 Voronoi-Diagramm

12.2.1 Begriffsfestlegung

→ Mit *Voronoi-Diagramm* wird eine Zerlegung des Raumes in Regionen bezeichnet, die durch eine vorgegebene Menge an Punkten $P_k(x_k, y_k)$ in der $xy - Ebene$, bestimmt wird.

→ Jede Region wird durch genau ein Zentrum P_k bestimmt. Sie umfasst alle Punkte des Raumes, die in euklidischer Metrik näher am Zentrum der Region liegen, als an jedem anderen Zentrum.

→ Derartige Regionen werden als Voronoi-Regionen bezeichnet.

→ Aus allen Punkten, die mehr als ein nächstgelegenes Zentrum besitzen und somit die Grenzen der Regionen bilden, entsteht das Voronoi-Diagramm.

→ Das Voronoi-Diagramm ist auch unter dem Namen *Thiessen-Polygonen* oder *Dirichlet-Zerlegung* bekannt.

12.2.2 Berechnung und Darstellung des Voronoi-Diagramms

$\rightarrow$ Hierzu dient die Funktion

H=voronoi(X,Y{,T}{,opt}{,Linespec})

H: Handle-Vektor auf Line-Objekte.

X,Y: Siehe delaunay.

T: Ergebnis der Funktion delaunay. Fehlt T, so wird es berechnet.

Zu den Optionen *opt* siehe *MATLAB-Help* .

Linespec: Wie beim Line-Objekt.

$\rightarrow$ Um zu einem Punkt $P(xp, yp)$ in einer gegebenen Punktemenge $P(x, y)$ den nächsten Punkt zu finden ruft man

k=dsearch(X,Y,T,xp,yp)

X,Y,T: Wie bei der Funktion *delaunay*.

Der nächste Punkt ist $P(X(k), Y(k))$.

13 Darstellungen von Funktionen mit zwei unabhängigen Variablen

Zur Darstellung dieses Typs von Funktionen $z = f(x, y)$ bieten sich prinzipiell zwei Möglichkeiten an:

→ Die Darstellung charakteristischer Merkmal in der Ebene. Beispiele sind Niveau- und Feldlinien.

→ Die Darstellung im dreidimensionalen Raum durch das *Surface-Objekt*.

13.1 Mathematische Grundlagen

13.1.1 Einführung

→ Es sollen die Grundlagen für die grafische Darstellung von Funktionen der Form

$$z = F(x, y) \tag{13.1}$$

behandelt werden.

→ Die Berechnung einer Funktion über den kontinuierlichen unabhängigen Variablen x und y ist mit digitalen Mitteln nicht möglich. Man kann die Funktion aber für diskrete Wertepaare x_i, y_i berechnen:

$$z_i = F(x_i, y_i) \tag{13.2}$$

→ Alle Punkte $P_i = P(x_i, y_i, z_i)$ zusammen bilden eine Punktmenge im dreidimensionalen Raum. Man nennt diese auch *Skalarfeld*.

13.1.2 Berechnung über äquidistantem Punktraster

→ Es ist zweckmäßig den gewünschten Darstellungsbereich der Funktion durch ein äquidistantes Punktraster in x- und y-Richtung zu überdecken. Dieses Raster wird mit Vektoren:

$$x = [x_1 \; x_2 \cdots x_i \cdots x_n] \quad \text{und} \quad y = [y_1 \; y_2 \cdots y_k \cdots y_m] \tag{13.3}$$

beschrieben.

→ Es werden nun die Matrizen

$$X(1:N,1:M) \quad \text{und} \quad Y(1:N,1:M) \tag{13.4}$$

nach folgender Regel:

$$\begin{aligned} X_{i,k} &= x_k \quad \text{für alle} \quad i \\ Y_{i,k} &= y_i \quad \text{für alle} \quad k \end{aligned} \tag{13.5}$$

bestimmt.

→ Die beiden Matrizen X und Y erzeugt man mit der Funktion:

[X,Y]=meshgrid(x,y)

→ Beispielsweise erhält man mit dem Demonstrationsprogramm *Meshgrid*:

```
x= -4:1:4
y= 0:1:4
X=
-4 -3 -2 -1  0  1  2  3  4
-4 -3 -2 -1  0  1  2  3  4
-4 -3 -2 -1  0  1  2  3  4
-4 -3 -2 -1  0  1  2  3  4
-4 -3 -2 -1  0  1  2  3  4
Y=
 0  0  0  0  0  0  0  0  0
 1  1  1  1  1  1  1  1  1
 2  2  2  2  2  2  2  2  2
 3  3  3  3  3  3  3  3  3
 4  4  4  4  4  4  4  4  4
```

→ Nun kann man für die diskretisierte Funktion schreiben:

$$Z_{i,k} = f(X_{i,k}, Y_{i,k}) \quad \text{Für alle Kombinationen von} \quad i,k \tag{13.6}$$

Oder als Abkürzung:

$$Z = f(X,Y) \tag{13.7}$$

Z wird auch *Bildmatrix* genannt.

→ Derartige Funktionen werden in einem späteren Kapitel besprochen.

13.1.3 Interpolation

Es sei eine Funktion nach Formel 13.7 gegeben. Für ein Meshgrid $[XI, YI]$ mit kleinerer Rasterbreite als bei $[X, Y]$, kann durch Interpolation ZI berechnet werden. Hierzu ruft man die Funktion:

ZI=interp2({X,Y,}Z,XI,YI{,'methode'})

Für method gilt:

method=nearest|linear|spline|cubic

Selbstverständlich kann $[XI, YI]$ auch zu einem Punkt $[xi, yi]$ und damit ZI zu zi entarten!

13.1.4 Berechnung über beliebiger Punktverteilung

$\rightarrow$ Die Vektoren x, y nach Formel 13.3 müssen nicht äquidistant sein.

$\rightarrow$ Man rechnet für die Vektoren x und y den Vektor z aus:

$$z = F(x, y). \tag{13.8}$$

$\rightarrow$ Nun bestimmt man ein äquidistantes Punktraster $[X, Y]$.

$\rightarrow$ Mit der Funktion
    Z=griddata(x,y,z,X,Y,{method})
    method-Strings: linear(default), cubic, nearest
    Für eine erweiterte Parameterliste siehe Matlab-Help.
    bestimmt man die Bildmatrix Z.

13.1.5 Berechnung von Contourlinien

$\rightarrow$ Eine Contourlinie, auch Niveaulinien genannt, wird aus allen Punkten $P(x, y, z)$, für die
$z = F(x, y) = konst$ ist, gebildet.

$\rightarrow$ Eine Niveaulinie kann zusammenhängend sein oder aus mehreren Teilkurven bestehen.

$\rightarrow$ In MATLAB werden die Niveaulinien im Raster Z durch Interpolation berechnet und in einer *Contourmatrix* C zusammengefasst. Sie besteht aus Teilmatrizen L_i die jeweils eine Niveaulinie beschreiben:

$$C = \left(\begin{array}{cccc} L_1 & L_2 & \ldots & L_n \end{array} \right) \tag{13.9}$$

→ Jede Teilmatrix hat den Aufbau:

$$L_i \quad = \quad \begin{pmatrix} v_i & x_{i,1} & x_{i,2} & \ldots & x_{i,n_i} \\ n_i & y_{i,1} & y_{i,2} & \ldots & x_{i,n_i} \end{pmatrix}$$

n_i : Zahl der Elemente der Niveaulinie

v_i : Wert der Niveaulinie (13.10)

$x_{i,1}, y_{i,2}$: Wertepaar der Niveaulinie

13.1.6 Berechnung des Gradienten

→ Als *Gradient* einer Funktion $z = f(x,y)$ bezeichnet man:

$$grad(f) = \frac{\partial f}{\partial x}\, e_x + \frac{\partial f}{\partial y}\, e_y = ue_x + ve_y. \tag{13.11}$$

Der Gradient ist somit ein Vektor. Er steht senkrecht auf einer Niveaulinie. Er zeigt in die Richtung der größten Änderung von z.

→ Berechnen kann man an den Rasterpunkten:

$$grad(f) \approx \frac{\Delta F}{\Delta X}e_x + \frac{\Delta F}{\Delta Y}e_y = Ue_x + Ve_y. \tag{13.12}$$

Dabei sind ΔX und ΔY die Rasterabstände und ΔF die Differenz zweier zugehöriger Z-Werte. Die Matrizen U und V sind von gleicher Dimension wie X.

→ Jedem Punkt des Skalarfeldes kann man einen Gradienten zuordnen. Alle Gradienten zusammen bilden ein *Vektorfeld*. Hier liegt das Gradientenfeld im Mesh-Raster vor.

13.1.7 Feldlinien

Feldlinien, auch Stromlinien (Streamlines) genannt, werden aus dem Gradientenfeld nach folgendem Schema berechnet:

→ Man wähle einen Startpunkt $P_1(x_1, y_1)$.

→ Für diesen Punkt berechne man durch Interpolation zwischen den nächstliegenden Rasterwerten den Gradienten $grad(f)$ durch.

→ Von P_1 gehe man in Richtung des Gradienten ein Stück Weg ds. Man erreicht den Punkt P_2.

→ Dieses Verfahren setze man sukzessive fort. Der erhaltene Polygonzug,endet in einem Maximum der Funktion $f(x,y)$.

13.2 Surface-Objekt

13.2.1 Einführende Bemerkungen

→ Die einfachste Art der grafischen Darstellung erhält man wenn man in einem dreidimensionalen Achsenkreuz über der xy-Ebene den Funktionswert z als Punkt (*Marker*) darstellt.

→ Man kann die z-Werte mit $x = konst$ oder mit $y = konst$ mit Geraden (*Edges*) verbinden. Es entsteht eine Flächedarstellung aus verzerrten Rechtecken (*Faces*).

→ Viele weitere Darstellungsmöglichkeiten erhält man, wenn man die Marker, die Edges und die Faces einfärbt. Hierzu benötigt man eine *Farbindexmatrix* C und die Colormap. Es gilt $size(C) = size(Z)$.

→ Eine weitere Gestaltungsmöglichkeit ergibt sich wenn man die Edges und Faces *transparent* gestaltet. Hierzu benötigt man eine *Alphadatamatrix* A. Es gilt $size(A) = size(Z)$.

→ Die Matrizen C und A werden später noch ausführlich besprochen.

→ Man kann aber auch die Darstellung durch die Sicht auf die Fläche und deren Beleuchtung beeinflussen. Dazu dienen *Kamera-* und *Light-Objekte*.

→ Zur Realisierung dieser Konzepte stehen Funktionen und Properties zur Verfügung. Diese Darstellungsmethode wird als *Surface-Plot* bezeichnet.

13.2.2 Surface-Plot

→ Zur Darstellung dient die Funktion:
   H=surface({X,Y,}Z{,C}{,Propertylist)
   H ist der Handle des erzeugten Surface-Objekts.
   X, Y: Ergebnis von meshgrid.
   Fehlen sie wird der jeweilige Index als Achsteilung benutzt.
   Fehlt C, so wird intern C=Z gesetzt.

→ Eine weitere Funktion ist:
   H=mesh({X,Y,}Z{,C}{,Propertylist)
   Für die Parameter gelten die Anmerkungen bei Surface.

→ Diese Funktionen unterscheiden sich nur in der Default-Einstellung der *Surface*-Properties.

→ Die Farbindexmatrix C bestimmt die Farbgebung bei Surface-Objekten.

69

$\rightarrow$ Eine Surface-Funktion mit vorgegebenen Properties ist:

H=surf({X,Y,}Z{,C}{,Propertylist})

Fehlen X und Y so wird der jeweilige Index als Achsteilung benutzt.

Fehlt C, so wird intern C=Z gesetzt.

H ist ein Surface-Handle.

13.2.3 Die Surface-Properties

$\rightarrow$ Das Objekt kann sichtbar sein oder nicht:

Propname: **Visible**, Propvalue: $on|off$

$\rightarrow$ Die Darstellung kann auf Axes begrenzt sein oder nicht:

Propname: **Clipping**, Propvalue: $on|off$

$\rightarrow$ Zur Darstellung kann man ein Gitter von zu x bzw. zu y parallelen Linien benutzen. Hierfür gelten die Properties:

Propname: **LineStyle**, Propvalue: $-|--|:|-.|none$

Propname: **LineWidth**, Propvalue: $0.5|0.0001|0.7|....0.9|1.1|1.3|1.5|2|4$

Propname: **MeshStyle**, Propvalue: $both|row|column$

$\rightarrow$ Dieses Gitter und die Gitterlinien kann man mit Farbe füllen

Propname: **Facecolor**, Propvalue: $interp|y|m|c|r|g|b|w|k|flat|texturemap|none$

Propname: **Edgecolor**, Propvalue: $k|y|m|c|r|g|b|w|k|flat|interp|none$

Bei den Properties $flat$ und $interp$ wird die Colormap benutzt.

Es gibt auch eine Funktion zur teilweisen Einstellung dieser Properties:

shading mode

$mode = flat|faceted|interp$

$\rightarrow$ Jeden Datenpunkt kann mit einem Marker versehen. Es gilt:

Propname: **Marker**, Propvalue: $none|+|o|.|x|square|diamond|'v|<$
$|>|pentagram|hexagram$

Propname: **MarkerSize**, Propvalue: $1|2|3|4|5|6|7|8|9|10|12|14$

Propname: **MarkerEdgeColor**, Propvalue: $auto|w|y|m|c|r|g|b|k|flat|none$

Propname: **MarkerFaceColor**, Propvalue: $auto|w|y|m|c|r|g|b|flat|k|none$

$\rightarrow$ Die Matrizen X, Y, Z und C sind ebenfalls Properties. Sie können eingegeben werden:

Propname: **XData**, Propvalue: X

Propname: **YData**, Propvalue: Y

Propname: **ZData**, Propvalue: Z

Propname: **CData**, Propvalue: C

→ Man kann ein Objekt markieren:
Propname: **Selected**, Propvalue: $off|on$
Propname: **SelectionHighlight**, Propvalue: $off|on$

13.2.4 Colormap bei Surface-Objekten

→ Zur grafischen Darstellung von Surface-Objekten wird die *Farbindex-Matrix C* benötigt.

→ Bei der Ermittlung dieser Zahl muss unter Umständen gerundet werden. Es ist darauf zu achten, dass dabei an den Grenzen kein Informationsverlust entsteht.

→ Wie aus der Farbindexmatrix und der Colormap letztlich die Objektfarbe gebildet wird entscheiden die Properties *CLimMode und Clim* im Axes-Objekt, die Surface-Property *CDataMapping* und die als Figure-Objekt vereinbarte Colormap.

→ Wie die Matrix C entsteht ist im Prinzip willkürlich. Einige Beispiele sind:

  – Am häufigsten wird $C = Z$ verwendet.

  – Man kann auch den Betrag des Gradienten $gradient(Z)$ benutzen.

  – Auch der Betrag einer Komponente des Gradienten wird verwendet.

  – Auch der Laplaceoperator $del2(Z)$ findet Anwendung.

→ Nun müssen die $C-$Werte den Werten der Colormap zugeordnet werden. Dazu sind zwei Methoden vorgesehen:

  – Direkte Abbildung:
    Es wird c als Index in die Colormap CM betrachtet. Dabei ist zu beachten:
    Ist $c \leq 1$ dann $c = 1$ und $c > m$ dann $c = m$ mit $m = size(CM, 1)$.

  – Skalierte Abbildung:
    * Nun sei eine Vektor $clim = [cmin\ cmax]$ gegeben. Für seine Komponenten muss gelten:
      $cmin \geq min(min(C))$ und $cmax \leq max(max(C))$
      und $cmin < cmax$.
    * Diesen Vektor kann man über eine Funktion einstellen:
      caxis([cmin cmax])   Einstellen
      [cmin cmax]=caxis   Auslesen
      v=caxis auto   Automatische Einstellung und Auslesen
    * Auch eine Einstellung über Axes-Properties ist möglich:
      Propname: **ClimMode**, Propvalue: $auto|manual$
      Bei Einstellung von *manual* kann man rufen:
      Propname: **Clim**, Propvalue: $[cmin\ cmax]$

* Für den Index i in die Colormap wird dann berechnet:

$$i = \frac{fix(c_{i,k} - cmin)}{cmax - cmin} * m + 1 \qquad (13.13)$$

* Die Defaulteinstellung vom $[cmin\ cmax]$ ist so gewählt, dass die ganze Matrix C in die Colormap passt.

– Eine Umschaltung zwischen beiden Möglichkeiten erreicht man mit der Surface-Property:

Propname: **CDataMapping**, Propvalue: *scaled|direct*

Als Default ist *scaled* eingestellt.

13.2.5 Textur für Oberflächen von Surfaceplots

→ Stellt man folgende Properties ein:

Propname: **FaceColor**, Propvalue: *texturemap*

Propname: **EdgeColor**, Propvalue: *none*

Propname: **CDataMapping**, Propvalue: *direct*

so kann man die Oberfläche mit einem Bild belegen.

→ Ist das Bild als $MAT - File$ gespeichert, so kann man es mit *load* laden. Es entsteht die Bildmatrix X und die zugehörige Colormap *map*.

→ Liegt ein $Truecolor-$ oder $RGB - Bild$ vor, so muss man dieses mit der Funktion *imread* lesen und dann mit *rgb2ind* in ein *indexedImage* umsetzen.

→ Die Bildmatrix X kann größer sein als die Z-Matrix. Es wird interpoliert.

13.2.6 Verborgene Linien

Ist die Property

Propname: **Facecolor**, Propvalue: *none*

eingestellt, kann man mit der Funktion

hidden on
hidden off

verborgene Linien sichtbar oder unsichtbar machen.

13.2.7 Transparenz des Surface-Objekts

Man kann das Surface-Objekt mit einer Transparenz ausstatten. Siehe hierzu das Kapitel *Transparenz von Surface- und Patch-Objekten.*

13.2.8 Verbindung mit anderen Objekten

Das Light- und das Camera-Objekt können auf das Surface-Objekt angewendet werden.

13.3 Spezielle Darstellungen

Hier werden weitere Möglichkeiten der Darstellung besprochen.

13.3.1 Contourlinien in zwei Dimensionen

→ Zur Berechnung und Darstellung von Contourlinien dienen folgende Funktionen:

[C,HC]=contour({X,Y,}Z{,n,'FL'}{,Propertylist})
[C,HC]=contourf({X,Y,}Z{,n}{,Propertylist})
C ist die Contourmatrix und HC der Handle auf das Contour-Objekt.
Fehlen X und Y so dienen die Indizes als Achsteilung.

→ Contour zeichnet die Linien im Linestyle $'L'$ und mit der Farbe $'F'$. Default ist $'-w'$. Fehlt die Farbangabe, so erfolgt eine mehrfarbige Darstellung.

→ Contourf zeichnet die Contourlinien mit Flächenfärbung gemäß der aktuellen Colormap.

→ Ist n ein Skalar, so werden n Contourlinien gezeichnet. Die Lage wird automatisch bestimmt.

→ Ist n ein Vektor, so werden an den im Vektor angegebenen Stellen die Linien gezeichnet. Soll nur an einer Stelle a ein Wert ausgegeben werden, so muss man $n = [a\ a]$ schreiben.

→ Man kann die Contourlinien auch mit ihrem Wert versehen. Dazu ruft man:

HT=clabel(C,HC{,v}{,'Propertylist})
C und HC sind die Contourmatrix und der Handle zum Contour-Objekt.
Es werden Werte nur an den Elementen von v angebracht.
Fehlt das Argument werden alle Contourlinien beschriftet.
HT ist Handlevektor eines Textobjekt.

13.3.2 Contourlinien in drei Dimensionen

→ Mit der Funktion:

$[C,HC]=contour3(\{X,Y,\}Z\{,nv\}\{,'FL'\})$

C ist die Contourmatrix und HC der Handle auf das Objekt.
Fehlt X und Y so wird über dem Index gezeichnet.
nv ist die Anzahl der Contourlinien oder ein Vektor mit dem Wert der
Contourlinien.

kann man die Contourlinien in drei Dimensionen darstellen.

→ Ist im Funktionsaufruf die Spezifikation $'FL'$ angegeben, dann ist HC ein
Handlevektor auf Lineobjekte.

→ Fehlt diese Spezifikation, so ist HC ein Handle auf ein Patchobjekt.

13.3.3 Gradientenberechnung und Quiverdarstellungen

→ Den Gradienten berechnet man mit

$[U,V]=gradient(Z,nx,\{ny\})$

nx und ny sind die Schrittweite für die Berechnung des Gradienten.
Fehlt ny, so wird $ny = nx$.

→ Der Darstellung des Gradienten dient:

$H=quiver(X,Y,U,V,s,c)$

H: Vektor von Line-Handles.
s: Längenskalierung mit $0 < sc < \infty$.
c: Farbe der Vektoren.

Das Quiver-Objekt mit Handle HQ hat $hggroup$-Properties.

13.3.4 Berechnung und Darstellung von Feldlinienin in zwei Dimensionen

Es stehen mehrere Möglichkeiten zur Verfügung:

→ Zur Berechnung von Feldlinien ruft man:

$S=streamline(X,Y,U,V,sx,sy\{[st\{,ml\}]\})$

sx,sy: Vektor von Startpunktkoordinaten.
st: Schrittweite für Feldlinienberechnung, Default 0.1
ml: maximale Anzahl der Schritte, Default: 1000
S: Vektor von Line-Handles. Ein Handle pro Feldlinie.

→ Diese Berechnung kann man auch durch Aufruf der zwei Funktionen

CA=stream2(X,Y,U,V,sx,sy{[st{,ml}]})
S=streamline(CA)
CA ist ein Cellarray.
Die anderen Parameter haben die oben angegebene Bedeutung.

erreichen.

→ Eine weitere Möglichkeit bietet die Funktion

H=streamslice(X,Y,U,V{,sx,sy}{,den}{,mod}{,met})
sx,sy: Vektor von Startpunktkoordinaten.
den: Feldliniendichte.
mod: Modus.
met: Interpolationsmethode.

  – Bei fehlenden Startkoordinaten werden die Feldlinien flächendeckend berechnet. Die Dichte der Feldlinien wird dann durch *den* gesteuert. Es muss *den* > 0 gelten. Default ist *den* = 1. Bei *den* < 1 werden weniger und bei *den* > 1 mehr Feldlinien gezeichnet.

  – Die Art der Darstellung wird mit dem Modus *mod* gesteuert:
    mod=arrows|noarrows.

  – Für die Interpolation stehen zur Verfügung:
    met=linear (Default)|cubic|nearest.

→ Man kann auf der Feldlinie Marker anbringen. Ihr Abstand soll dann von der Strömungsgeschwindigkeit abhängig sein. Dies erreicht man mit dem Programmstück

```
ver=stream2(x,y,u,v,sx,sy);
ts=interpstreamspeed(x,y,u,v,ver,.2);
S=streamline(ts);
set(S,'Marker','.','Color','y');
```

Dabei ist die Funktion

ts=interpstreamspeed({X,Y},U,V{,sp},ver{,sf})
ts=interpstreamspeed(X,Y,sp,ver{,sf})
ts=interpstreamspeed(sp,ver{,sf})
ts: Cell-Array von Vertex-Arrays, Eingangsparameter der Funktion streamline.
sp: Feld der Geschwindigkeiten, siehe *MATLAB-Help* .
ver: Ergebnis von stream3.
sf: Skalierungsfaktor, siehe *MATLAB-Help* .

13.3.5 Berechnung der Flächennormalen

Zur Erzeugung der Flächennormalen eines Surfaceplots von $Z = f(X, Y)$ an den Rasterpunkten dient:

[U,V,W]=surfnorm(X,Y,Z)

Das Ergebnis sind die drei Komponenten der Normalenvektoren.

13.4 Kombinationsfunktionen

→ Die gemeinsame Darstellung eines Surface- bzw. Mesh-Plots in Verbindung mit einem zweidimensionalen Contour-Plot liefern die Funktionen:
H=surfc({X,Y,}Z{,C}{,Propertylist})
H=meshc({X,Y,}Z{,C}{,Propertylist})
H ist ein Surface-Handle.

→ Die nächste Funktion umkleidet einen Mesh-Plot mit einem *Vorhang*:
H=meshz({X,Y,}Z{,C}{,Propertylist})
H ist ein Surface-Handle.

→ Eine Darstellungsform der Mesh-Funktion ist mit der *Wasserfall*-Funktion realisiert:
H=waterfall({X,Y,}Z{,C})
H ist ein Surfacehandle

→ Die *Bänderdarstellung* wird mit der Funktion
{H=}ribbon({Y,}Z{ w})
H: Vektor von Surface-Handles. Ein Element pro Band.
Y,Z: mit meshgrid erzeugt.
w: Breite des Bandes, $0 < w < 1$. Default $w = 0.75$
realisiert.

→ Darstellung der Bildmatrix

– Einen guten Eindruck erhält man auch, wenn man für die Funktion $Z = f(X, Y)$ den Funktionswert Z über eine Colormap als Farbe darstellt.

– Die Funktionen hierzu sind:
HS=surf(X,Y,Z,Z)
view([0 90])

– Entsprechendes bewirkt auch die Funktion
HS=pcolor(X,Y,Z)

– Das Aussehen der Bildmatrix wird wesentlich über die Surface-Properties bestimmt.

14 Patch-Objekte

14.1 Grundlegende Begriffe

→ Der Generierung von Zeichnungen dienen die *Patchobjekte*.

→ Ein Patchobjekt kann eben oder räumlich sein.

→ Es besteht aus einer oder mehreren Teilflächen sog. *Facetten*.

→ Eine Facette besteht aus p Punkten $P(x, y, z)$, auch *Knoten* oder *Edge* genannt, die mit anderen Punkten durch *Linien (Vertices)* verbunden sind.

→ Vertices und Facetten können auf unterschiedliche Weisen eingefärbt werden.

14.2 Darstellungsmethoden

Man unterscheidet zwei Darstellungsmethoden.

14.2.1 Polygon-Darstellung

→ Bei dieser Darstellungsart wird eine Facette durch je einen Spaltenvektor für die x-, die y- und gegebenenfalls die z-Koordinaten der p Punkte beschrieben.

→ Die Punkte werden in der Reihenfolge ihres Auftretens in den Vektoren mit Linien verbunden. Der letzte Punkt wird automatisch mit dem ersten verbunden.

→ Für ein dreidimensionales Dreieck gilt beispielsweise:

$$x = \begin{pmatrix} 1 \\ 2 \\ 3 \end{pmatrix} \quad y = \begin{pmatrix} 1 \\ 3 \\ 2 \end{pmatrix} \quad z = \begin{pmatrix} 1 \\ 2 \\ 1 \end{pmatrix}. \tag{14.1}$$

→ Für die Farbgestaltung gibt es mehrere Möglichkeiten.

→ Für die m Vertices oder n Faces müssen noch Farbwerte festgelegt werden. Man spricht von der *CData-Property*. Die Farbe eines Patches werde mit der Variablen C beschrieben. Es gibt mehrere Möglichkeiten:

    – Bei der *Index-Methode* wird die Farbe durch einen Index in eine Colormap beschrieben. Dann gibt es folgende Varianten:

* Bei einem einfarbigen Patch ist C eine ganze Zahl.
* Jedem der n Faces wird eine Farbe zugeordnet. C ist dann ein Zeilenvektor mit n Elementen.
* Jeder der m Vertices wird eine Farbe zugeordnet. C ist eine Matrix von der Größe der x-Matrix.

  – Bei der *Echtfarben-Methode* wird die RGB-Farbe direkt angegeben. Dann gibt es wieder drei Möglichkeiten:

  * Bei einem einfarbigen Patch ist $C = [R, G, B]$ [1].
  * Jedem der n Face wird eine Farbe zugeordnet. C ist eine $3 \times n$ Matrix.
  * Jeder der m Vertices wird eine Farbe zugeordnet. C besteht nun aus drei Matrizen, für jede Farbkomp0onente eine. Jede Matrix hat die Größe x-Matrix.

$\rightarrow$ Für das Beispiel gilt, wenn man jeder Vertix einen Farbwert zuordnet:

$$c = \begin{pmatrix} 1 \\ 2 \\ 1 \end{pmatrix}. \tag{14.2}$$

$\rightarrow$ Besteht das Patchobjekt aus m Facetten, so werden die zugehörigen Spaltenvektoren in eine $p \times m$-Matrix zusammengefasst. Dann wird das Objekt durch eine X-, eine Y- und gegebenenfalls durch eine Z-Matrix dargestellt. Hinzu kann auch eine Farbindexmatrix C kommen.

Beispielsweise wird ein Patch, das aus zwei Dreiecken besteht, folgendermaßen dargestellt:

$$x = \begin{pmatrix} 1 & 3 \\ 2 & 2 \\ 3 & 0 \end{pmatrix} \quad y = \begin{pmatrix} 1 & 1 \\ 3 & 3 \\ 2 & 4 \end{pmatrix} \quad z = \begin{pmatrix} 1 & 1 \\ 2 & 2 \\ 1 & 1 \end{pmatrix} \quad c = \begin{pmatrix} 1 & 3 \\ 2 & 4 \\ 1 & 5 \end{pmatrix}. \tag{14.3}$$

$\rightarrow$ Zur Erzeugung der Polygon-Darstellung dient die Funktion:

    H=patch(x,y{,z},c{',Propertyname',Propertyvalue})
    H=patch(',Propertyname',Propertyvalue)
    H: Patch-Handle
    Fehlt z wird eine zweidimensionale Darstellung erzeugt.
    Sonst ist die Darstellung dreidimensional.

$\rightarrow$ Zur zweidimensionalen Darstellung von Patches kann man auch benutzen:

    H=fill(x,y,c{',Propertyname',Propertyvalue})
    H: Patch-Handle
    {H=}fill(x1,y1,c1,...xn,yn,cn{',Propertyname',Propertyvalue})
    H: Vektor von n Patch-Handles.

---

[1] Es gilt: $0 \leq R \leq 1, 0 \leq G \leq 1, 0 \leq B \leq 1$

→ Für dreidimensionale Patches kann man auch benutzen:

H=fill3(x,y,z,c{',Propertyname',Propertyvalue})
H: Patch-Handle
H=fill3(x1,y1,z1,c1,...xn,yn,zn,cn{',Propname','Propvalue'})
H: Vektor von n Patch-Handles.

14.2.2 Mehrfacetten-Darstellung

→ Bei dieser Methode definiert man Punkte und Facetten in getrennten Matrizen.

→ Die n Punkte eines Patch-Objektes werden in einer $n \times 3-$Vertex-Matrix V dargestellt. Die $x-, y-, z-$Koordinaten des k. Knoten findet man unter $V(k, 1:3)$.

Für die Vertices eines dreidimensionalen Dreiecks gilt beispielsweise:

$$V = \begin{pmatrix} 1 & 2 & 3 \\ 1 & 3 & 2 \\ 1 & 2 & 1 \end{pmatrix}. \tag{14.4}$$

Die Zeilennummer dieser Matrix ist gleich der *Punktnummer*.

→ In einer $m \times p-$ Facetten-Matrix F beschreibt jede Zeile eine der m Facetten. Die Elemente sind die Punktnummern in der Reihenfolge ihrer Verbindung. Eine Facette wird aus p Punkten gebildet[2].

Für das Dreieck mit den oben beschriebenen Vertices gilt dann:

$$F = \begin{pmatrix} 1 & 2 & 3 \end{pmatrix}. \tag{14.5}$$

→ Für die m Vertices oder n Faces müssen nun noch Farbwerte festgelegt werden. Man spricht von der *FaceVertexCDate-Property*. Die Farbe eines Patches werde mit der Variablen C beschrieben. Es gibt mehrere Möglichkeiten:

– Bei der *Index-Methode* wird die Farbe durch einen Index in eine Colormap beschrieben. Dann gibt es folgende Möglichkeiten:

* Bei einem einfarbigen Patch ist C eine ganze Zahl.
* Jedem der n Faces wird eine Farbe zugeordnet. C ist ein Spaltenvektor mit n Zeilen.
* Alternativ wird jeder der m Vertices eine Farbe zugeordnet. C ist dann ein Spaltenvektor mit m Zeilen.

– Bei der *Echtfarben-Methode* wird die RGB-Farbe direkt angegeben. Dann gibt es wieder drei Möglichkeiten:

---

[2]Hat eine Facette weniger als p Punkte, so sind freie Matrixplätze mit NaN auzufüllen.

* Bei einem einfarbigen Patch ist $C = [R, G, B]$ [3].
* Jedem der n Face wird eine Farbe zugeordnet. C ist eine $n \times 3$ Matrix.
* Jeder der m Vertices wird eine Farbe zugeordnet. C ist eine $m \times 3$ Matrix.

Für des Dreieck gilt beispielsweise:

$$C = \begin{pmatrix} 1 & 0 & 0 \\ 0 & 1 & 0 \\ 0 & 0 & 1 \end{pmatrix}. \tag{14.6}$$

→ Ein weiteres Beispiel ist ein Würfel. Ein Eckpunkt liege im Nullpunkt des Achsenkreuzes. Die Seitenlänge sei Eins. Für die Matrizen gilt:

$$V = \begin{pmatrix} 0 & 0 & 0 \\ 1 & 0 & 0 \\ 1 & 1 & 0 \\ 0 & 1 & 0 \\ 0 & 0 & 1 \\ 1 & 0 & 1 \\ 1 & 1 & 1 \\ 0 & 1 & 1 \end{pmatrix} \quad F = \begin{pmatrix} 1 & 2 & 6 & 5 \\ 2 & 3 & 7 & 6 \\ 3 & 4 & 8 & 7 \\ 4 & 1 & 5 & 8 \\ 1 & 2 & 3 & 4 \\ 5 & 6 & 7 & 8 \end{pmatrix} \quad C = hsv(8) \tag{14.7}$$

Dabei wurde der Farbvektor aus der HSV-Colormap gebildet.

→ Diese Matrizen werden üblicherweise in eine FVC-Struktur zusammengefaßt:

```
fv=struct('vertices',V,'faces',F,'facevertexcdata',C).
```

→ Zur Darstellung ruft man:

{H=}patch(fv{',Propertyname',Propertyvalue})
H: Patch-Handle

14.2.3 Umrechnung der Darstellungsarten

Wenn man ein Patch in einer Darstellungsart vorgibt, so werden die Properties ineinander umgerechnet. Es gilt also:

XData, YData, ZData $\iff$ Vertices, Faces

14.2.4 Transparenz des Patch-Objekts

Man kann das Patch-Objekt mit einer Transparenz ausstatten. Siehe hierzu das Kapitel *Transparenz von Surface- und Patch-Objekten*.

---

[3]Es gilt: $0 \leq R \leq 1, 0 \leq G \leq 1, 0 \leq B \leq 1$

14.2.5 Verbindung mit anderen Objekten

Das Light- und das Camera-Objekt können auch auf das Patch-Objekt angewendet werden.

14.3 Properties für das Patchobjekt

→ Allgemeine Funktionen

Propname: **Visible**, Propvalue: $on|off$

Propname: **Clipping**, Propvalue: $on|off$

Propname: **EraseMode**, Propvalue: $normal|none|xor|background$

Propname: **Selected**, Propvalue: $off|on$

Propname: **SelectionHighLight**, Propvalue: $on|off$

Propname: **UIContextMenu**, Propvalue: $Handle\ auf\ UIContextMenu$

→ Patch-Datenbasis

Matrizen für Polygondarstellung:

Propname: **XData**, Propvalue: $x - Matrix$

Propname: **YData**, Propvalue: $y - Matrix$

Propname: **ZData**, Propvalue: $z - Matrix$

Propname: **CData**, Propvalue: $C - Matrix$

Matrizen für Mehrfacetten-Darstellung:

Propname: **Verices**, Propvalue: $V - Matrix$

Propname: **Faces**, Propvalue: $F - Matrix$

Propname: **FaceVertexCData**, Propvalue: $Matix$

→ Für die farbliche Ausgestaltung muss der Zugriff auf die Colormap gesteuert werden:

Propname: **CDataMapping**, Propvalue: $scaled|direct$

→ Die Faces und Edges werden durch folgende Properties gesteuert:

Propname: **Edgecolor**, Propvalue: $k|y|m|c|r|g|b|w|k|flat|interp|none$

  – Die Edgecolor wird entweder für alle Edges durch die gleiche gewählte Farbe bestimmt.

  – Bei *flat* wird die Edgefarbe durch die Farbe der Vertex, die von dieser Edge ausgeht, bestimmt.

  – Bei *interp* bestimmt die Interpolation der $CData$ oder $FaceVertexCData$ bei den Vertices die Farbe.

Propname: **Facecolor**, Propvalue: $interp|y|m|c|r|g|b|w|k|flat|none$

- Die Facecolor wird entweder für alle Faces durch die gleiche gewählte Farbe bestimmt.
- Bei *flat* muss die $CData-$ oder $FaceVertexCData-$Property einen Farbwert enthalten.
- Bei *interp* wird die Farbe jeder Face durch Interpolation bestimmt. Die $CData-$ oder $FaceVertexCData-$Property muss einen Farbwert pro Vertex (Nicht pro Face!)enthalten.

→ Marker und Linien Die Punkte können mit Markern versehen werden. Für diese und die Vertices gelten die Properties:

Propname: **Marker**, Propvalue: $none| + |o|.|x|s|d|^|v| < | > |p|h$

Propname: **MarkerSize**, Propvalue: $6|8|10|12|14|16|18|20$

Propname: **MarkerEdgeColor**, Propvalue: $auto|y|m|c|r|g|b|w|k|flat|none$

Propname: **MarkerFaceColor**, Propvalue: $auto|y|m|c|r|g|b|w|k|flat|none$

Propname: **LineStyle**, Propvalue: $-| - -| : | - .|none$

Propname: **LineWidth**, Propvalue: $0.5|1|2|3|4$

14.4 Reduzierung der Faces

Um Speicherplatz zu sparen oder um den Rechenaufwand zu reduzieren kann man die Anzahl der Faces eines Patch-Objekts reduzieren.

Dazu ruft man

nfv=reducepatch(a{,r}{,'fast'}{,'verbose'})
nfv: Neue FVC-Struktur.
a: entweder Handle des Patchobjekts oder FVC-Struktur.
r: Ist $r < 1$ dann Reduktionsfaktor, ist $r > 1$ dann Mindestanzahl der Faces. Fehlt r, dann r=0.5.
'fast' und 'verbose' siehe *MATLAB-Help* .
nfv=reducepatch(F,V,r)
F,V: Face- und Vertex-Matrizen.
[nF,nV]=reducepatch(...)

15 Image-Objekte

15.1 Einführung in das Thema

→ Den meisten Lebewesen ist die Fähigkeit sich ein Bild seiner Umgebung zu machen gegeben. Im Verlaufe der Evolution haben sich entsprechende Organe so entwickelt, dass im Gehirn des Lebewesens ein Bild von dem entsteht was um ihm ist.

→ Wir können ziemlich sicher sein, dass bei allen Lebewesen der gleichen Art das gleiche Bild im Gehirn entsteht.

→ Der Mensch hat im Verlauf seiner kulturellen Entwicklung schon sehr bald den Wunsch verspürt ein Bild seiner Umwelt zu behalten, wir nennen dies heute Speichern.

→ Die naheliegenste Art dieser Speicherung ist die Anfertigung einer Abbildung, da die Speicherung in unserem Gehirn selbst offenbar nicht vorgesehen ist. Diese Erstellung einer Abbildung verlangt zuerst ein Speichermedium, einen Bildträger. Bis auf unsere Zeit haben sich unterschiedliche Trägermaterialien erhalten. Am längsten haben wohl Knochen aus der Zeit um 17.000 bis 14.500 v. Chr. und die Höhlenwände, z.B. in Lasceaux um 15.000 bis 10.000 v.Chr. gehalten.

→ Den Höhepunkt dieser Technik stellt wohl die Malerei auf Leinwand und noch immer auf Wänden dar.

→ Am 5. September 1839 wurde zum ersten Mal ein Verfahren des Malers Louis Daguerre in der Presse erwähnt. Der Siegeszug der modernen Fotographie begann. Dieses Verfahren entwickelte sich rasch und gipfelte in einem kleinen von Jedermann zu bedienenden Fotoappearat. Die Wirklichkeit stand nun als genaue und objektive Abbildung auf Papier zur Verfügung.

→ Der Siegeszug des Computers machte auch nicht vor den Bildern halt. Zum einen wurden Scanner entwickelt mit denen man die Papierbilder in digitale Bilder überführen konnte. Zum anderen wurde die Fotoapparate ebenfalls digitalisiert un direkt digitale Bilder erzeugen zu können.

15.2 Digitale Bilder

15.2.1 Vorbemerkungen

→ Ausgangspunkt der Überlegungen sei ein Bild wie es beispielsweise von einem Künstler geschaffen wurde. Es handelt sich um eine zweidimensionale Anordnung von Formen und Farben. Man spricht von einem *ortskontinuierlichen Bild*.

→ Betrachtet man ein Foto, das mit einer Kamera mit Film aufgenommen wurde, so meint man zunächst es handelt sich auch um ein ortskontinuierliches Bild. Fertigt man im größere Vergrößerungen des Bildes, so stellt man bald eine *Körnigkeit* des Bildes fest. Die Ortskontinuität des Bildes ist also nicht mehr gegeben. Kleine Bildbereiche können nicht mehr in noch kleinere Bereiche zerlegt werden.

→ Die derzeitige technische Entwicklung fasst ein Bild als *rechteckiges Schema von Punkten*, den *Pixels* oder *Dots* auf und spricht vom *digitalen Bild* oder *Image*.

15.2.2 Grundlegende Begriffe

→ Ein digitales Bild kann man als $n \times m-$Matrix von *Bildpunkten* oder *Pixels*

$$A = \begin{pmatrix} a_{11} & a_{12} & \cdots & a_{1m} \\ a_{21} & a_{22} & \cdots & a_{2m} \\ \hdotsfor{4} \\ a_{n1} & a_{n2} & \cdots & a_{nm} \end{pmatrix} \tag{15.1}$$

mit n Zeilen und m Spalten beschreiben. Jedes Matrixelement $a_{i,k}$ steht für ein Pixel des digitalen Bildes. Es muss Informationen über Farbe, Helligkeit usw. des Bildes an der Stelle (i, k) enthalten.

→ Es sind verschiedene *Bilddarstellungen* möglich. Der Inhalt von $a_{i,k}$ ist bei jeder Darstellungsform anders oder anders zu interpretieren.

→ Im Sinne der Mathematik kann man Operationen an oder mit einem digitalen Bild als *Matrixoperation* auffassen.

→ Digitale Bilder können auf mehrere Arten entstehen:

– *Direkte Erzeugung.* Als Beispiel wird die digitale Fotographie genannt.

– *Digitalisierung ortskontinuierlicher Bilder.* Zu dieser Klasse gehört das Scannen von Papierbildern.

– *Erzeugung durch Rechnungen.* Man spricht dann auch von *synthetischen Bildern*. Diese Methode wird zur Visualisierung physikalischer Berechnungen verwendet.

→ Als weitere Information zur Darstellung einer Bildmatrix braucht man noch den *Punktabstand* in beiden Richtungen.

→ Das Demonstrationsprogramm *DemoDigBild* zeigt hierzu ein Beispiel. Die Elemente stellen einen Index für eine Farbtabelle dar.

→ Die einfachste Darstellung einer Bildmatrix erhält man durch Darstellung der Pixels als kleine Punkte. Diese Darstellung ist aber ungeeignet.

→ Die übliche Darstellung einer Bildmatrix erhält man durch Darstellung eines Bildpunktes durch ein Quadrat. In Matlab spricht man von einem quadratischen *Patch* ohne Kantenfärbung.

→ Bei der Darstellung durch Quadrate ändern die Koordinaten ihre Bedeutung. So reicht die x-Koordinate nun von $0.5 \leq x \leq 5.5$ und ist in diesem Bereich kontinuierlich. Man spricht dann von *spatialen* oder *räumlichen Koordinaten*.

→ Ist die Auflösung des Bildes groß genug, werden also die Quadrate immer kleiner so kann das Auge diese nicht mehr auflösen. Das Bild verschwimmt und wird wie ein ortskontinuierliches Bild interpretiert.

15.2.3 Digitalisierung ortskontinuierlicher Bilder

→ Ein ortskontinuierliches Bild werde durch eine Funktion $f(x, y)$ beschrieben. Diese Funktion soll alle Bildinformationen beinhalten.

→ Bei der *Ortsabtastung* oder auch *Ortsdiskretisierung* entsteht ein *ortsdiskretes-* oder *digitales Bild*. Diesen Vorgang nennt man auch *scannen*. Dabei soll

$$a_{i,k} = f(x, y) \quad \text{mit} \quad x = k\Delta \quad \text{und} \quad y = i\Delta \tag{15.2}$$

gelten. Bei der Ortsabtastung ist zu beachten:

– Δ ist Längenelement in x- und y-Richtung des ortskontinuierlichen Bildes.

– Die Bilder sind in den beiden Dimensionen endlich.

– Bei der Ortsabtastung wird ein Gitter bestehend aus Zeilen und Spalten, jeweils mit dem Abstand Δ über das Bild gelegt.

– Im Raster werden die Zeilen von oben nach unten mit $1, 2...i...N$ und von links nach rechts mit $1, 2...k...M$ gezählt.

– $a_{i,k}$ beschreibt ein *Pixel*. Es gehört der Zeile i und der Spalte k des *Bildrasters* an.

15.3 Ausschneiden und Zoomen eines Bildes

→ Man kann einen *Bildausschnitt* erzeugen. Dazu wird ein Ausschnitt des Bildes im gleichen Maßstab gebildet.

→ Stellt man diesen Ausschnitt in seinem eigenen Maßstab dar, so spricht man von *Zoomen*.

15.4 Reduktion und Erhöhung der Auflösung

→ *Auflösungsreduktion*
Darunter versteht man die Minderung der Auflösung um einen bestimmten Faktor. Dabei werden Bildpunkte nicht berücksichtigt.

→ *Auflösungserhöhung*
Entsprechend zur Reduktion ist oft auch die Erhöhung der Auflösung erwünscht. Das Einsetzen von Zwischenwerten wird durch Interpolation erreicht. Hier wird die *Bicubische Interpolation* verwendet. Zu anderen Interpolationsmethoden wird auf *MATLAB-Help* verwiesen.

15.5 Bildtypen

15.5.1 Schwarz-Weiß- oder Intensity-Image (INT-Bilder)

→ Das Bild wird mit einer $n \times m$-Bildmatrix dargestellt.

→ Jedem Pixel wird ein *Grauwert* im Bereich von *weiß* bis *schwarz* zugeordnet. Die Zahl der möglichen *Graustufen* hängt dann nur von der Zahldarstellung ab. Es sind zwei Methoden üblich:

 – Werden zur Darstellung Zahlen vom Typ *double* verwendet sind praktisch beliebig viele Graustufen denkbar. Die Intensitätsdarstellung liegt im Bereich $0 \le a_{i,k} \le 1$. Dabei wird ein weißes Pixel mit 0 und ein schwarzes Pixel mit 1 dargestellt.

 – Um Speicherplatz zu sparen sind auch andere Formate wie zum Beispiel der Typ *uint8* üblich. Dann sind allerdings nur 256 Graustufen möglich. Die Intensitätsdarstellung liegt hier dann im Bereich $0 \le f \le 255$.

15.5.2 Binär-Bilder oder Binary-Image(BIN-Bild)

→ Für die Bildmatrix gilt $a_{i,k} \in \{0,1\}$.

→ Dies sind somit Bilder bei denen ein Pixel nur den Wert 0 oder 1 annimmt. Sie können dann auch vom Typ *logical* sein.

15.5.3 Farb-Bilder

→ Nach der üblichen Methode werden zur Erzeugung von Farbbildern die drei Farben *Rot, Grün, Blau*, mit unterschiedlichen Intensitäten additiv gemischt.

→ Es gilt:

Name	Bezeichnung	Bereich
R	Rotanteil	$0 \geq R \geq 1$
G	Grünanteil	$0 \geq G \geq 1$
B	Blauanteil	$0 \geq B \geq 1$

→ Es sind mehrere Möglichkeiten zur Speicherung der Bildinformation möglich.

15.5.3.1 Echtfarben-Bild oder Truecolor-Images (RGB-Bild))

→ Das Bild wird in einer $n \times m \times 3$−Matrix dargestellt.

→ Für einen Pixel gilt $a_{i,k,:} = [R, G, B]_{i,k}$.

→ Auch hier werden unterschiedliche Datenformate, wie bei den Schwarz-Weiß-Bildern besprochen, verwendet.

→ Diese Darstellungsmethode ist bei der *digitalen Fotografie* üblich. Es wird das Datenformat *uint8* verwendet.

→ Von einem RGB-Bild kann man einen Farbauszug erzeugen. Dieser wird wieder im RGB-Format dargestellt. Die entsprechende Funktion ist:

Y=rgb2fa(X,typ)   Farbauszug Y eines RGB-Bildes X erzeugen (EF). Der Farbauszug richtet sich nach dem Typ 'r', 'g' oder 'b'.

15.5.3.2 Index-Bild oder Indexed-Images (IND-Bild)

→ Eine zweite Möglichkeit entsteht wenn man eine *Colormap* einführt. Jede Zeile der Colormap enthält eine Farbe. Die Farbe wird durch die Intensitäten der drei Farbanteile (RGB) festgelegt.
Beispielsweise $c(m) = [0.4560 \ 0.0324 \ 0.2345]$.

→ Ist n die Zahl der Farben, so liegt eine $n \times 3$-Farbtabelle vor.

→ Für die Bildmatrix gilt dann $a_{i,k} = m_{i,k}$.

87

→ Bei der Erzeugung synthetischer Bilder kann das Rechenergebnis aus beliebigen reelle Zahlen bestehen. Um eine derartige Matrix E als IND-Bild darstellen zu können bedarf es einer Normierung der Matrixelemente.

Liegen die Bildelemente im Bereich $u \leq E(m,n) \leq o$, so werden sie auf den Bereich $1 \leq A(m,n) \leq g$ nach

$$A = floor(1 + (g-1)\frac{E-u}{o-u}) \tag{15.3}$$

normiert.

→ Durch Austausch der Farbtabelle kann man *Falschfarbenbilder* generieren.

→ Auf diese Weise können auch aus Farbbildern Schwarz-Weiß-Bilder erzeugt werden.

15.6 Umrechnung der Bildtypen

Für die Umrechung der verschiedenen Bildtypen ineinander stehen in der Image Processing Toolbox folgende Funktionen zur Verfügung:

→ *Umwandlung von Indexed-Bildern.*
    Y=ind2rgb(X,map)   IND-Bild X nach RGB-Bild Y umsetzen.
    Y=ind2gray(X,map)   IND- nach SW-Bild umsetzen.
    map ist die Colormap von X.

→ *Umwandlung von RGB-Bildern.*
    [Y,map]=rgb2ind(X)
    RGB-Bild X nach IND-Bild Y mit Colormap map umsetzen.
    Bei dieser direkten Methode können sehr lange Colormap entstehen.
    [Y,map]=rgb2ind(X,tol)
    RGB-Bild X nach IND-Bild Y mit Colormap map umsetzen.
    Die Colormap enthält $(floor(1/tol)+1)^3$ Einträge. Es gilt $0 \geq tol \geq 1$.
    [Y,map]=rgb2ind(X,n)
    RGB-Bild X nach IND-Bild Y mit Colormap m umsetzen.
    Die Colormap enthält n Farben.
    Y=rgb2ind(X,map)
    RGB-Bild X nach IND-Bild Y mit Colormap m umsetzen.
    Y=rgb2gray(X)
    RGB-Bild X in SW-Bild Y umsetzen.

→ *Umwandlung von Schwarz-Weiß-Bildern*
    [Y,map]=gray2ind(X{,n})
    SW-Bild X nach IND-Bild Y mit Colormap m umsetzen.
    map=gray(n). Default ist n=64.

→ *Bild in Binär-Bild umsetzen.*

    Y=im2bw(X,l)   SW-Bild X umsetzen.
    Y=im2bw(X,map,l)   IND-Bild X mit Colormap map umsetzen.
    Y=im2bw(X,l)   RGB-Bild X umsetzen.
    Es gilt: $0 \leq l \leq 1$

15.7   Matlabinterne Speicherung von Bildern

→ Wird das Bild nur durch die Bildmatrix B beschrieben, so kann man diese als MAT-File mit dem Namen *fnam*, mit dem Suffix *mat*, speichern:

    save(fnam,'B')

→ Wird das Bild durch eine Bildmatrix und eine Colormap beschrieben, so ist es zweckmäßig eine Struktur S mit den Feldern $S.X$ für die Bildmatrix und $S.map$ für die Colormap zu erzeugen. Diese Feldbezeichnungen werden von *MATLAB* benutzt. Anstelle von S.map kann auch S.M verwendet werden.

→ Dann ruft man:

    save(fnam,'S')

→ Laden kann man diese Bilder mit

    B=load(fnam)
    S=load(fnam)

→ Außer den bei der Struktur S angegebenen Feldern können noch andere Strukturelemente auftreten.

→ Viele Bildbeispiele sind in der Matlab-Toolbox im Verzeichnis

    ...\MATLAB\R2007b\toolbox\images\imdemos...

gespeichert.

→ Die genaue Beschreibung der angesprochenen Funktionen kann man bei *MATLAB-Help* nachlesen.

15.8   Portable Bildspeicherung

→ Neben der oben besprochenen Darstellung von Bildern in MAT-Files existiert eine Vielzahl von Formaten in denen Bilder abgespeichert werden können.

→ Durch diese Formate werden die verschiedensten Verfahren zur Kompression, Kodierung und Speicherung von Bildern definiert und implementiert.

→ Siehe das Demonstrationsprogramm *DemoImageDar*.

Tabelle 15.1: Die wichtigsten Bildformate

Suffix	Name, Einführung durch
bmp	Windows Bitmap, Mikrosoft (1990)
gif	Graphics Interchange Format, Compu Serv (1987)
hdf	Hierarchical Data Format, National Center for Supercomputing Applicationn (1993?)
jpg	Joint Photographic Experts Group (1992)
pbm	Portable BitMap, Sun Microsystems (1980 ?)
tif,tiff	Tagged Image File Format von Aldus,Adobe und Microsoft (1994)
png	Portable Network Graphics, PNG-Group (1996 ?)

→ Die Formate werden ebenfalls durch einen Suffix am Filenamen angegeben.

→ In der Tabelle werden die wichtigsten Typen dargestellt.

→ Siehe hierzu auch die Beschreibung von *imread* in *MATLAB-Help* .

→ Zum Studium der einzelnen Formatdefinitionen wird auch auf das Internet verwiesen.

→ Um ein Bild, das in einem dieser Formate gespeichert ist, zu lesen ruft man die Funktion:

B=imread(fnam{,fmt})
Erzeugt ein Intensity- oder ein Truecolor-Image.
[B,map]=imread(fnam{,fmt})   Erzeugt ein Indexed Image.
Fehlt das Format fmt, so wird der Suffix im Filenamen fnam benutzt..
Weiteres siehe *MATLAB-Help* .

→ Es ist auch möglich für ein Bild das Format zu wechseln. Dazu ruft man:

imwrite(X,fnam{,suf})   X ist ein Intensity- oder RGB-Bild.
imwrite(X,map,fnam{,suf})   X ist ein Indexed-Image.
Das Bild wird im angegebenen Format in das File Filename geschrieben.
Fehlt suf, so wird er aus dem Filenamen erschlossen.

Für weitere Ausprägungen dieser Funktion siehe *MATLAB-Help* .

15.9 Darstellung von Bildern

→ Zur Darstellung eines Bildes in einem Figure stehen drei Funktionen zur Verfügung.

  − Die erste Funktion lautet:

H=image(X{,Propertylist})
H: Handle des Image-Objekts
Die Poperties werden später behandelt.
Weitere Ausprägungen sieh *MATLAB-Help* .

– Bei Verwendung einer Colormap kann man mit der Funktion:
H=imagesc(X{,clim})
H: Handle des Image-Objekts
den Farbbereich durch den Vektor $clim = [u. o]$ einschränken.
Gilt z.B. für den Index der Colormap $i = 1 : G$ und für $clim = [u. o]$ so
gilt:

$$
\begin{aligned}
i &= 1 : u & \rightarrow & \quad i = 1 \\
i &= u + 1 : o - 1 & \rightarrow & \quad i = 2 : G - 1 \\
i &= o : G & \rightarrow & \quad i = G
\end{aligned}
\tag{15.4}
$$

– Die Funktion (Image Processing Toolbox)
H=imshow(fnam)   Lese formatiertes File
H=imshow(X{,map})   Bildmatrix, Colormap
H: Handle des Image-Objekts
Weitere Ausprägungen sieh *MATLAB-Help* .
stellt das Bild in einer optimalen Figuregröße dar.

→ Zur Darstellung mehrerer Bilder in einem Figure stehen zwei Möglichkeiten
zur Verfügung.

– Für jedes Bild erklärt man entweder einen Subplot oder ein beliebiges
Axes.
In jedem Subplot ruft man die Funktion (Image Processing Toolbox):
H=subimage(B,map)
H: Handle des Image-Objekts
B: Bildmatrix, map: zugehörige Colormap
Damit hat jeder Subplot seine eigene Colormap.

– Man wandelt ein IND-Bild mit $Y = ind2rgb(B. map)$ in ein RGB-Bild
um. Da man zur Darstellung von RGB-Bildern keine Colormap benötigt,
kann man nun beliebig viele Bilder in einem Figure darstellen.

15.10 Bereitstellen von Bildinformation

→ **Information über MAT-Bilder**
Die Information erhält man als Kurzfassung der Struktur durch die Funktion
load.

→ **Information über formatierte Bilder**

– Mit der Funktion (Image Processing Toolbox)

S=imageinfo(nam)

erhält man die Information über das Bild *nam* in einem Fenster.

– Eine weitere Informationsquelle über ein Bild wird anschließend dargestellt.

* Die Funktion (Image Processing Toolbox)

imtool(nam)   Figures öffnen.
imtool close all   Alle Figures schließen.
Für weitere Aufrufformen siehe *MATLAB-Help* .
öffnet zwei Figures.

* Im Figure *Overview (Image Tool 1)* wird das ganze Bild dargestellt. Mit der Zoomfunktion, die durch zwei Pushbottons realisiert ist, kann man die Bilddarstellung im zweiten Bild beeinflussen.

* Im Figure *Image Tool 1: nam* wird das Bild, wie im ersten Figure gewählt, dargestellt.

* Im Toolbar dieses Fensters befindet sich der Button *Display Image Information*. Durch seine Betätigung wird ein gleichnamiges Fenster geöffnet. Es enthält eine ausführliche Beschreibung des Bildes.

→ **Information über den Bildtyp**
Mit der Funktion

[x,y,c,fl]=getimage(H)
H: gcf oder gca, fehlt H, dann H=gca.

erhält man die Werte *x(XData)*, *y(YData)*, *c(CData)* und das Typflag *fl*.

Über das Flag kann man *INT-*, *BIN-*, *RGB-*, *IND-Bilder* unterscheiden. Siehe hierzu auch die Funktion *ImageType* in *DemoImageDar*.

15.11   Figure- und Axesabzüge

Figure- und Axesabzüge erhält man mit der Funktion

B=getframe(FA)
FA: Figure- oder Axes-Handle. Fehlt FA, wird FA=gca gesetzt.
Siehe auch *MATLAB-Help* .

Es wird ein RGB-Bild *B* erzeugt. Dieses Bild kann dann mit der Funktion *imwrite* in ein beliebiges Format umgewandelt werden.

15.12 Zusammenfügen von Bildern zu übergeordneten Einheiten

→ **Erzeugung von Filmen**
Zu diesem Thema wird auf das Kapitel *Erzeugung von Filmen* verwiesen. Dort wird erklärt wie man aus allen grafischen Objekten, also auch aus Image-Objekten, einen Film generieren und abspielen kann.

→ **Bildung von Kombinationsbildern**
Um aus mehreren Bildern ein neues Bild zu erzeugen und anzuzeigen ruft man die Funktion (Image Processing Toolbox):

H=montage(fice)
Handel des neuen Objekts
fice: Cellarray mit den Filenamen nach Tabelle 15.1 der Bilder.
Alle Bilder müssen die gleiche Größe haben.
Weitere Ausprägungen der Parameterliste siehe *MATLAB-Help* .

15.13 Image-Properties

→ Außer den allen Objekten gemeinsamen Properties sind nur drei Properties von Bedeutung.

→ Zwei Properties enthalten die m Pixelmittelpunkte in x-Richtung

Propname: **XData**, Propvalue: $m \times 1 - Vektor$.

und die n Pixelmittelpunkte in y-Richtung

Propname: **YData**, Propvalue: $n \times 1 - Vektor$.

→ Die dritte Property nimmt entweder den Index in die Colormap bei IND-Bildern

Propname: **CData**, Propvalue: $m \times n - Matrix$

oder bei RGB-Bildern die Farbe auf

Propname: **CData**, Propvalue: $m \times n \times 3 - Matrix$.

15.14 Einige technische Details

15.14.1 Scannen

Bei der Abtastung eines ortskontinuierlichen Bildes, man spricht auch von scannen, ist die *Bildauflösung a* durch die Zahl der *Dots per Inch (dpi)* gegeben. Üblicherweise ist sie in beiden Koordinatenrichtungen gleich. Der Abstand zwischen zwei

Punkten, die *Rasterweite* beträgt somit $r = 1/a$. Handelsübliche Scanner können die Abtastung mit 50 *dpi* bis 3200 *dpi* und mehr durchführen. Beispielsweise ist für eine Bildauflösung von 300 *dpi* die Rasterweite von $r = 0.0033'' = 0.085mm$.

15.14.2 Digitale Fotographie

Ein digitaler Fotoapparat ist ebenfalls ein Scanner. Er bildet den Bereich, den seine Optik aufnimmt auf ein Feld optischer Sensoren (CCD) ab. Die Werte dieser Sensoren können direkt in den Speicher übertragen werden. Sie bilden die Bildmatrix.

Üblicherweise wird die Auflösung durch die Zahl der Pixel (üblich $\sim$ 3.3 Millionen) angegeben. Weiter wird die Sensorfläche ($2.5'' \times 1''$) genannt. Ist $n(dpi)$ die Bildauflösung, so ist:

$$n * 2.5n \sim 3.300000 \Rightarrow n \sim 1150(dpi). \tag{15.5}$$

15.14.3 Bildschirm

Ein einfacher Bildschirm wird beispielsweise durch die Angabe $1024(Spalten) \times 768(Zeilen)$ charakterisiert. Dem entsprechen 786432 Punkte. Eine zweite Angabe ist die Bildschirmdiagonale (z.B 15"). Aus diesen Daten folgt eine Kantenlänge von $12'' \times 9''$ und ein Auflösung von $\sim 85(dpi)$.

Es soll ein Bild mit mehr Pixeln dargestellt werden als der Bildschirm Pixel hat. In diesem Fall muß eine Operation ausgeführt werden, die am einfachsten als Rekonstruktion mit anschliessender neuer Abtastung beschrieben werden kann. Diese Operation wird vom Bildschirm automatisch ausgeführt.

16 Dreidimensionale Skalarfelder und ihre Darstellung

16.1 Grundlagen

→ Von einem *dreidimensionalen Skalarfeld* spricht man, wenn jedem Punkt $P(x, y, z)$ des Raumes ein Skalar $S(x, y, z)$ zugeordnet werden kann. Ein Beispiel ist das Temperaturfeld.

→ Wie kann man ein Skalarfeld darstellen?

→ Man kann allen Punkten mit gleichem Wert des Skalars S die gleiche Farbe über die Colormap, zuordnen.

→ Selbstverständlich kann man nur einen endlichen Raum darstellen.

→ Weiter kann man in diesem Raum nur an diskreten Punkten den Skalar S bestimmen.

→ Es ist zweckmässig das Skalarfeld über einem dreidimensionalen Gitter, das man mit der Funktion

[X,Y,Z]=meshgrid(1:n,1:m,1:p)

erzeugen kann, zu berechnen.

→ Für jeden Gitterpunkt muss dann ein Wert S existieren. Es gilt also $S = S(X, Y, Z)$

→ Für eine kleine Anzahl von Gitterpunkten wird im Anhang ein derartiges Gitter gezeigt.

16.2 Darstellung von Skalarfeldern durch Slices

→ Legt man nun eine Fläche (*Slice*) durch den Raum, so werden die Punkte des Skalarfeldes, die auf der Fläche liegen, mit ihrer Farbe auf der Fläche abgebildet. Damit hat man über den Colorbar auch ein Maß für den Wert des Skalars.

→ Je nach Art der Slices benötigt man verschiedene Funktionsaufrufe zu ihrer Erzeugung.

16.2.1 Erzeugung achsenorthogonaler Slices

Man unterscheidet zwei Arten von Slices

16.2.1.1 Flächen-Slices

→ Wie der Name besagt sind diese Slices innerhalb des Skalarfeldes flächenfüllend.

→ Ein $X - Slice$ hat die x-Achse des Koordinatensystems zur Normalen.

→ Entsprechendes gilt auch für $Y-$ und $Z - Slices$.

→ Zur Erzeugung der Slices dient die Funktion
{H=}slice({X,Y,Z,}S,sx,sy,sz{,method})
H: Handle für Patch-Objekt. Bei fehlendem Handle wird dargestellt.
X,Y und Z bilden das Raster. Es entsteht aus meshgrid.
S ist das Skalarfeld.

→ Mehrere X-Slices werden durch den Vektor $sx = [sx_1, sx_2, ..., sx_n]$ beschrieben.
Den $X_k - Slice$ durchdringt die X-Ache an der Stelle sx_k.

→ Mit $sx = []$ wird angezeigt, dass kein X-Slice erzeugt werden soll.

→ Entsprechendes gilt auch für die Y- und Z-Slices.

→ Für die Interpolationsmethode kann man wählen:
method='linear' (default)|'cubic'|'nearest'

16.2.1.2 Contourslices

→ In diesem Fall werden auf der Slice-Fläche Contour-Linien dargestellt.

→ Zur Erzeugung ruft man
Nicht fertig !!!
{H=}contourslice({X,Y,Z,}S,sx,sy,sz{,n}{,method})
H: Handle für Patch-Objekt. Bei fehlendem Handle wird dargestellt.
X,Y und Z bilden das Raster. Es entsteht aus meshgrid.
S ist das Skalarfeld.
Ist n eine Zahl, so werden n Contour-Linien in der Ebene dargestellt.
Ist $n = [l \ l]$, so wird eine Contour-Linie mit Wert l dargestellt.
Ist $n = [l_1, l_2, ...l_n]$ so werden die Contourlinien mit dem Wert l_i dargestellt.

→ Mehrere X-Slices werden durch den Vektor $sx = [sx_1, sx_2, ..., sx_n]$ beschrieben.
Den $X_k - Slice$ durchdringt die X-Ache an der Stelle sx_k.

→ Mit $sx = []$ wird angezeigt, dass kein X-Slice erzeugt werden soll.

→ Entsprechendes gilt auch für die Y- und Z-Slices.

→ Für die Interpolationsmethode kann man wählen:

method='linear' (default)|'cubic'|'nearest'

16.2.2 Erzeugung ebener Flächen-Slices beliebiger Lage

→ Es wird ein Ebenen-Objekt erzeugt und in Drehrichtung dr um den Winkel w gedreht. Beispielsweise ist:

```
x=-2:0.2:4;y=-2:0.2:2;z=-2:0.1:2;
[X,Y,Z]=meshgrid(x,y,z);
HS=surface(X,Y,zeros(size(X)));
rotate(HS,dr,w);
```

Es werden die Ebenendaten entnommen, in der Höhe um dz verschoben und anschließend das Objekt gelöscht:

```
xd=get(HS,'XData');yd=get(HS,'YData');zd=get(HS,'ZData')+dz;
delete(HS);
```

Abschliessend kann man einen Slice mit der Funktion

H=slice({X,Y,Z,}S,xd,yd,zd{,method})

erzeugen.

16.3 Darstellung von Skalarfeldern durch Niveauflächen und Begrenzungen

In Entsprechung zur Darstellung von Funktionen mit zwei unabhängigen Variablen durch Niveaulinien kann man sich einen Eindruck von Skalarfeldern verschaffen wenn man Flächen mit $S(x, y, z) = konst.$ also *Niveauflächen* erzeugt.

16.3.1 Erzeugung der Niveauflächen

→ Diese Niveauflächen werden als Patches erzeugt.

→ Es existieren verschiedene Ausprägungen des Funktionsaufrufs.

→ Die erste Form ist:

{fv=}isosurface({X,Y,Z,}S,val{,col})

Fehlt das Ausgabeargument fv wird direkt dargestellt.

val: Wert für den die Niveaufläche gezeichnet werden soll.

col: Es muss size(col)=size(S) gelten. Bestimmt die Farben der Niveauflächen.

fv ist die Ergebnisstruktur.

Zu weiteren Aufrufparametern siehe *MATLAB* -Help.

→ Eine Darstellung erhält man auch mit

HP=patch(fv)

HP: Handle des Patchobjekts.

→ Eine zweite Aufrufform ist

[f,v]=isosurface({X,Y,Z,}S,val)
[f,v,c]=isosurface({X,Y,Z,}S,val,col)

→ Zur Darstellung muss man nun rufen:

HP=patch('Faces',f,'Vertices',v,{'FaceVertexCData',c})

→ Bei Patch können noch weitere Properties eingestellt werden.

16.3.2 Einfärbung von Niveauflächen

→ Im vorstehenden Abschnitt konnten die Niveauflächen ermittelt, aber nur mit einer Farbe belegt werden.

→ Unterstellt man, dass der Handle des Niveauflächen-Patches verfügbar ist, so kann man die Niveaufläche auch einfärben.

→ Dazu dient die Funktion

nC=isocolors({X,Y,Z,}C,P)   Indexed Color
nC=isocolors({X,Y,Z,}R,G,B,P)   True Color

X,Y,Z: Wie bei isosurface.

C, nC: Farbindexvektor. R,G,B: bilden zusammen die RGB-Matrix.

P: Handle des Patchobjekts.

16.3.3 Erzeugung von Begrenzungen

→ Eine Niveaufläche kann seitlich begrenzt werden. Man spricht vom Anbringen von *Caps*.

→ Es handelt sich hierbei ebenfalls um Patches.

→ Es existieren wiederum zwei Möglichkeiten des Funktionsaufrufs.

→ Die erste Form ist:

{fv=}isocaps({X,Y,Z,}S,val{,plane}{,enclose})
Fehlt das Ausgabeargument fv wird direkt dargestellt.
val: Wert für den die Niveaufläche ermittelt wurde.
fv ist die Ergebnisstruktur.

Mit dem String *plane* wird bestimmt wo Begrenzungen erzeugt werden:

plane='all' (default)|'xmin'|'xmax'|'ymin'|'ymax'|'zmin'|'zmax'

Mit dem String *enclose* wird entschieden ob die Caps Daten die ober- oder unterhalb von *val* liegen mit eingeschlossen sind:

enclose='above' (default)|'below

→ Eine Darstellung erhält man auch mit

HP=patch(fv)
HP: Handle des Patchobjekts.

→ Eine zweite Aufrufform ist

[f,v,c]=isocaps({X,Y,Z,}S,val{,plane}{,enclose})

→ Zur Darstellung muss man nun rufen:

HP=patch('Faces',f,'Vertices',v,{'FaceVertexCData',c})

→ Bei Patch können noch weitere Properties eingestellt werden.

16.3.4 Bildung von Ausschnitten

→ Von einem Skalarfeld kann man einen Ausschnitt bilden. Diesen Ausschnitt kann man als eigenständiges Skalarfeld betrachten.

→ Diese Operation bewirkt man mit der Funktion

[NX,NY,NZ,NS]=subvolume({X,Y,Z,}S,val)
NS=subvolume({X,Y,Z,}S,val)
NX,NY,NZ,NS beschreiben das neue Skalarfeld.
val=[xmin,xmax,ymin,ymax,zmin,zmax] beschreibt die Grenzen.
Ist eine der Angaben NaN, so wird der Bereich nicht beschnitten.

16.3.5 Verbesserung der Darstellung

16.3.5.1 Benutzung von Flächennormalen

→ Bei der Darstellung von Niveauflächen mit der Funktion *isosurface()* werden bei der Ermittlung des Erscheinungsbildes der Patches sog. *Normale* benötigt.

→ Die *Triangle Normals* werden bei *isosurface()* mit berechnet.

→ Eine zweite Methode, die Berechnung der *Data Normals*, liefert in manchen Fällen bessere Bilder.

→ Diese Data-Normals berechnet man mit

n=isonormals({X,Y,Z,}S,v,{'negate'})   Form 1
{n=}isonormals({X,Y,Z,}S,HP)   Form 2
Fehlt in der Form2 das Ausgabeargument n wird die
VertexNormals-Property im Objekt HP gesetzt.
v: Vertices des Patch-Objekts.
HP: Handle des Patch-Objekzts.
'negate': Falls vorhanden wird die Normalenrichtung reversiert.

16.3.5.2 Reduktion der Patch-Faces

→ Mit der Funktion *isosurface* erhält man zusammenhängende Patch-Faces.

→ Es kann ratsam sein die Darstellung mit kleineren nicht zusammenhängenden Patch-Faces zu gestalten. Man spricht auch vom Schrumpfen der Faces.

→ Die Erzeugung der neuen Faces und Vertices erreicht man mit der Funktion:

{nfv=}shrinkfaces(P{,sf})
Für den Schrumpffaktor gilt: $0 < sf \leq 1$. Fehlt sf, so gilt sf=0.3.
P ist ein Patch-Handle.
nfv=shrinkfaces(fv,sf)
[nf,nv]=shrinkfaces(f,v,sf)
Bezüglich fv, f, v, nfv, nf und nv gelten die Aussagen bei isosurface .

16.3.5.3 Glättung

→ Häufig, insbesondere bei Random-Funktionen, kommt es vor, dass das Skalarfeld $S(X, Y, Z)$ zu rau ist.

→ Eine Glättung der Feldes mit der Funktion

V=smooth3(S,{'fil'{,size{,sd}}})
V: geglättetes Feld.

ist dann hilfreich.

→ Für den Faltungskern kann man wählen $fil = box(D)|gaussian$. Die Grösse des Kerns ist *size*. Es gilt $size = [a, a, a]$ oder gleichbedeutend $size = a$. Default ist $size = 3$.

→ Wird $fil = gaussian$ gewählt ist sd Standartabweichung. Default ist $sd = 0.65$.

16.4 Verringerung des Speicherbedarfs

Oft ist die Auflösung des Skalarfeldes zu hoch. Man kann den Bedarf an Speicherplatz reduzieren. Hierzu ruft man die Funktion

[Xr,Yr,Zr,Sr]=reducevolume({X,Y,Z,}S,r)
r=[rx,ry,rz], rx, ry und rz sind die Reduktionsfaktoren für die Achsen.
Ist r ein Skalar, so gilt rx=ry=rz=r.

Beispielsweise wird in der x-Richtung nur jedes rx-te Element von X nach Xr übernommen.

16.5 Hilfsprogramm

Für die Bestimmung des Darstellungsbereichs steht eine Funktion zur Verfügung:

ax=volumebounds({X,Y,Z,}V)
$ax = [XminXmaxYminYmaxZminZmaxCminCmax]$

Fehlen die Angaben X, Y, Z so wird angenommen:

```
[m,n,p]=size(V);
[X,Y,Z]=meshgrid(1:n,1:m,1:p);
```

16.6 Meshgrid für drei Dimensionen

X(:,:,1)	X(:,:,2)	X(:,:,3)	X(:,:,4)
1 2 3 4	1 2 3 4	1 2 3 4	1 2 3 4
1 2 3 4	1 2 3 4	1 2 3 4	1 2 3 4
1 2 3 4	1 2 3 4	1 2 3 4	1 2 3 4

Y(:,:,1)	Y(:,:,2)	Y(:,:,3)	Y(:,:,4)
1 1 1 1	1 1 1 1	1 1 1 1	1 1 1 1
2 2 2 2	2 2 2 2	2 2 2 2	2 2 2 2
3 3 3 3	3 3 3 3	3 3 3 3	3 3 3 3

Z(:,:,1)	Z(:,:,2)	Z(:,:,3)	Z(:,:,4)
1 1 1 1	2 2 2 2	3 3 3 3	4 4 4 4
1 1 1 1	2 2 2 2	3 3 3 3	4 4 4 4
1 1 1 1	2 2 2 2	3 3 3 3	4 4 4 4

V(:,:,1)	V(:,:,2)	V(:,:,3)	V(:,:,4)
111 112 113 114	211 212 213 214	311 312 313 314	411 412 413 414
121 122 123 124	221 222 223 224	321 322 323 324	421 422 423 424
131 132 133 134	231 232 233 234	331 332 333 334	431 432 433 434

[X,Y,Z]=meshgrid(1:4,1:3,1:4); V=Z.*100+Y.*10+X;
V(2,3,4)= 423

Abbildung 16.1: Meshgrid für drei Dimensionen

17 Dreidimensionale Vektorfelder und ihre Darstellung

17.1 Grundlagen

→ Von einem *dreidimensionalen Vektorfeld* spricht man, wenn jedem Punkt $P(x, y, z)$ des Raumes ein Vektor $w(x, y, z)$ zugeordnet werden kann.
Ein Beispiel ist das Feld der Windgeschwindigkeiten.

→ Wie kann man ein Vektorfeld darstellen?

→ Selbstverständlich kann man das Feld nur in einem endlichen Raum darstellen.

→ Man kann in diesem Raum nur an diskreten Punkten den Skalar w bestimmen und darstellen.

→ Es ist zweckmässig das Vektorfeld über einem dreidimensionalen Gitter, das man mit der Funktion

   [X,Y,Z]=meshgrid(1:n,1:m,1:p)

   erzeugen kann, zu berechnen.

→ Für einen Gitterpunkt muss dann ein Vektor w existieren. Es gilt also $w = w(x, y, z)$ und als Zusammenfassung für alle Gitterpunkte $W = W(X, Y, Z)$.

→ Es gibt mehrere Möglichkeiten zur Visualisierung eines Vektorfeldes.

→ Bei den anschließend zu besprechenden Darstellungsmethoden ist es oft hilfreich wenn man Flächenslices, unter Verwendung des Betrag $|W|$ des Vektors, unterlegt.

17.2 Feldlinien und verwandte Darstellungen

17.2.1 Berechnungsmethode

Feldlinien werden aus dem Vektorfeld nach folgendem Schema berechnet:

→ Man wähle einen Startpunkt $P_1(x_1, y_1)$.

→ Für diesen Punkt berechne man durch Interpolation zwischen den nächstliegenden Rasterwerten den Vektor w.

→ Von P_1 gehe man in Richtung des Gradienten ein Stück Weg ds. Man erreicht den Punkt P_2.

→ Dieses Verfahren setze man sukzessive fort. Der erhaltene Polygonzug repräsentiert die *Feldlinie*.

17.2.2 Feldlinien

→ Eine Feldlinie kann man mit der Funktion
  H=streamline({X,Y,Z,}U,V,W,stx,sty,stz)
  X,Y,Z,U,V und W: Beschreibungsmatrizen für das Feld.
  stx,sty und stz: Matrizen für die Startpunkte der Feldlinien.
  Streamlines, Handle H, haben Line-Properties.
  Siehe auch *MATLAB-Help* .
  berechnen und darstellen.

→ Das gleiche Ergebnis erhält man auch durch Aufruf der zwei Funktionen:
  CA=stream3(X,Y,Z,U,V,W,sx,sy{[st{,ml}]})
  S=streamline(CA)
  CA ist ein Cellarray.
  Die anderen Parameter haben die oben angegebene Bedeutung.

→ Mit den oben beschriebenen Verfahren erhält man keine Information über die Strömungsgeschwindigkeit. Es bietet sich aber folgende Möglichkeit an:

  – Man kann auf der Feldlinie Marker anbringen. Ihr Abstand soll dann von der Strömungsgeschwindigkeit abhängig sein.

  – Dies erreicht man mit dem Programmstück

```
ver=stream3(x,y,z,u,v,w,sx,sy,sz);
ts=interpstreamspeed(x,y,z,u,v,w,ver,.2);
S=streamline(ts);get(S,'Type')
set(S,'Marker','.','Color','y');
```

  – Dabei ist die Funktion
    ts=interpstreamspeed({X,Y,Z,}U,V,W{,sp},ver{,sf})
    ts=interpstreamspeed(X,Y,Z,sp,ver{,sf})
    ts=interpstreamspeed(sp,ver{,sf})
    ts: Cell-Array von Vertex-Arrays, Eingangsparameter für streamline.
    sp: Feld der Geschwindigkeiten, siehe *MATLAB-Help* .
    ver: Ergebnis von stream3.
    sf: Skalierungsfaktor, siehe *MATLAB-Help* .

→ Eine weitere Möglichkeit bietet die Funktion

H=streamslice(X,Y,Z,U,V,W{,sx,sy,sz }{,den}{,mod}{,met})
sx,sy,sz: Vektor von Startpunktkoordinaten.
den: Feldliniendichte.
mod: Modus.
met: Interpolationsmethode.

– Bei fehlenden Startkoordinaten werden die Feldlinien flächendeckend berechnet. Die Dichte der Feldlinien wird dann durch *den* gesteuert. Es muss $den > 0$ gelten. Default ist $den = 1$. Bei $den < 1$ werden weniger und bei $den > 1$ mehr Feldlinien gezeichnet.

– Die Art der Darstellung wird mit dem Modus *mod* gesteuert:

mod=arrows|noarrows

gesteuert.

– Für die Interpolation stehen zur Verfügung:

met=linear (Default)|cubic|nearest.

17.2.3 Streamtubes

→ Hierbei handelt es sich um eine schlauchförmige Feldliniendarstellung. Die mit dem *Schlauchdurchmesser* gewonnene Größe wird gleich der Divergenz des Vektorfeldes an der Stelle der Feldlinie gesetzt.

→ Dies erreicht man mit der Funktion

H=streamtube({X,Y,Z,}U,V,W,sx,sy,sz)
H: Vektor von Surface-Handles.
sx,sy,sz: Vektor von Startpunktkoordinaten.
Zu weiteren Formen der Parameterliste siehe *MATLAB-Help* .

17.2.4 Streamribbons

→ Es handelt sich um eine bandförmige Feldliniendarstellung. Die *Verwindung* des Bandes stell ein Maß für die Rotatio des Vektorfeldes an der Stelle der Feldlinie dar.

→ Dies erreicht man mit der Funktion

H=streamribbon({X,Y,Z,}U,V,W,sx,sy,sz)
H: Vektor von Surface-Handles.
sx,sy,sz: Vektor von Startpunktkoordinaten.
Zu weiteren Formen der Parameterliste siehe *MATLAB-Help* .

17.3 Streamparticles

→ Hierbei handelt es sich um Marker, die proportional zur Strömungsgeschwindigkeit längs einer Feldlinie bewegt werden.

→ Streamparticles lassen sich mit folgendem Programmstück erzeugen:

```
ver=stream3(x,y,z,u,v,w,sx,sy,sz);
iver=interpstreamspeed(x,y,z,u,v,w,ver,n);
streamparticles(iver,zte,'Animate',an,'ParticleAlignment','on',...
            'FrameRate',fr,'MarkerFaceColor','y');
```

→ Dabei wird die Funktion benötigt:
   H=streamparticle(CA{,n}{,Propertylist})
   H: Vektor von Line-Handles.
   CA: Cellarray, Ergebnis von stream3.
   n: Zahl der Particles.

→ Die Properties für die Streamparticles sind:

   Die Zahl der Durchläufe wird eingestell:

   Propname: **Animate**, Propvalue: $1|2|...|Inf|0$

   Die Verknüpfung von Streamparticles mit einer Streamline und die Interpretation (Siehe *MATLAB-Help*) von n erfolgt mit:

   Propname: **ParticleAlignment**, Propvalue: $on|off$

   Für die Durchlaufgeschwindigkeit gilt beispielsweise:

   Propname: **FrameRate**, Propvalue: $200|180|150|100|50|25$

→ Die Defaultwerte für die Line-Properties sind:

   Propname: **EraseMode**, Propvalue: *xor*

   Propname: **Linestyle**, Propvalue: *none*

   Propname: **Marker**, Propvalue: *o*

   Propname: **MarkerEdgeColor**, Propvalue: *none*

   Propname: **MarkerFaceColor**, Propvalue: *r*

17.4 Coneplots

→ Bei dieser Methode werden an spezifizierten Stellen Kegel gezeichnet. Die Kegel werden in Richtung des Vektors ausgerichtet. Ihre Größe entspricht dem Betrag des Vektors.

$\rightarrow$ Die nötige Funktion ist:

H=coneplot({X,Y,Z,}U,V,W{,s}{,col})
P: Patch-Handle.
s: Skalierung 0, >= 1, 0: ohne automatische Skalierung.
col: Farbe. size(col)=size(X).
Siehe *MATLAB-Help* .

17.5 Hilfsfunktion

Zur Festlegung des Darstellungsbereichs dient die Funktion:

ax=volumebounds({X,Y,Z,}U,V,W)
$ax = [X_{min}, X_{max}, Y_{min}, Y_{max}, Z_{min}, Z_{max}]$

Fehlen die Angaben X, Y, Z so wird angenommen:

```
[m,n,p]=size(V);
[X,Y,Z]=meshgrid(1:n,1:m,1:p);
```

18   Darstellung von Graphen

18.1   Allgemeine Graphen

→   Ein Graph besteht aus *Knoten (Vertices, Nodes)* $P_n(x_n, y_n)$. n ist die Knoten-
    nummer. Es sollen insgesamt N Knoten existieren. Somit gilt $1 \leq n \leq N$.

→   Die Positionen der Knoten werden in einer $N \times 2 - Koordinaten - Matrix\ P$
    gespeichert. Die Knotennummer n ist der Zeilenindex. Es gilt $P(n, :) = [x_n, y_n]$.

→   Ein Knoten kann mit einem oder mehreren anderen Knoten durch eine *Linie*
    verbunden sein.

→   Die Knotenverbindungen werden in der $N \times N$ *Adjazenz- (Nachbarschafts-,
    Adjacency-) Matrix A* definiert. Es gilt

    –   Der Zeilenindex entspricht der Knotennummer. Die Verbindungen des
        $n - ten$ Knotens stehen also in $A(n, :)$.

    –   Soll der Knoten n mit dem Knoten s verbunden werden so setzt man
        $A(n, s) = 1$, sonst gleich Null.

    –   Eine Verbindung braucht nur einmal angegeben zu werden.

→   Hierzu dient die Funktion
    gplot(A,P{,linespec})
    linespec wie bei der Plotfunktion.

18.2   Erzeugung eines Baum-Graphen

→   Bei einem Baum- oder Tree-Graphen handelt es sich um eine spezielle Form
    eines Graphen. Er besteht aus drei Arten von Knoten.

    –   *Wurzelknoten (Root).*
        Er hat somit keinen Vorgängerknoten.

    –   *Spitzenknoten.*
        Sie haben keine Nachfolger und bilden so die letzte Ebene des Graphen.

    –   *Normalknoten.*
        Diese haben einen Vorgänger und beliebig viele Nachfolger.

→   Bedingt durch diese speziellen Eigenschaften genügt eine einfachere Beschrei-
    bung des Graphen.

→ Ist N die Anzahl der Knoten, so wird ein $N \times 1$ Vektor V definiert.

→ Für jeden Knoten gilt $V(n)=Index~des~Vorgängerknotens$.
Für die Root gilt $V(1) = 0$.

→ Zur Darstellung dient die Funktion
treeplot(V,nodespec,edgespec)
nodespec: Wie bei Linespec. Keine:".
edgespec: Wie bei Linespec. Keine:".

→ Eine spezielle Form sind die *Binär-Graphen*.
Wurzel- und Normalknoten haben nur zwei Nachfolger.

19 Rechteck-Objekte

19.1 Erzeugung von Rechtecken

→ Zum Zeichnen eines *Rechtecks* dient die Funktion:

    {H=}rectangel({Propertylist})

→ Es gelten die *rectangle*-Properties:

  – Sichtbarkeit eines Rechtecks wird mit zwei Properties gesteuert:
    Propname: **Visible**, Propvalue: $on|off$
    Propname: **Clipping**, Propvalue: $on|off$

  – Zur Festlegung von Lage und Größe des Rechtecks dient:
    Propname: **Position**, Propvalue: $[x\ y\ b\ h]$
    Dabei sind x und y die Koordinaten des linken unteren Eckpunktes, b die
    Breite und h die Höhe des Rechtecks.

  – Man kann von einem Rechteck zu einer Ellipse übergehen:
    Propname: **Curvature**, Propvalue: $[xy]$
    Es gilt: $0 \leq x \leq 1$ und $0 \leq y \leq 1$. Eine Ellipse entsteht für $x = y = 1$.

  – Zur Gestaltung der Umrandung dient:
    Propname: **Linestyle**, Propvalue: $-|--|:|-.|none$
    Propname: **Linewidth**, Propvalue: *Skalar*

  – Zur Farbgestaltung dient:
    Propname: **Facecolor**, Propvalue: $none|y|m|c|r|g|b|w|k$
    Propname: **Edgecolor**, Propvalue: $none|y|m|c|r|g|b|w|k$

19.2 Aufziehen von Rechtecken mit der Maus

→ In *MATLAB* ist ein Verfahren implementiert, das folgende Vorgehensweise
erlaubt:

  – Positioniere den Cursor an der linken unteren Ecke, drücke und halte den
    Cursor gedrückt.

  – Ziehe bei gedrücktem Cursor das Rechteck auf. Bei der gewünschten
    Größe ist die Cursorfixierung zu beenden.

→ Das beschriebene Verfahren wird durch Aufruf der Funktion
eR=rbbox({aR})
eR: Liefert die endgültige Position-Property.
aR: Anfängliche Position-Property. Fehlt die Angabe: aR=[x,y,0,0].
Siehe auch *MATLAB-Help* .

ermöglicht.

→ Mit der Anweisungsfolge:

```
waitforbuttonpress;        % Warten auf Mousebotton-Druck.
po1=get(A,'CurrentPoint');% Cursor Position: linke untere Ecke.
rbbox;                     % Rechteck aufziehen.
po2=get(A,'CurrentPoint');% Cursor Position: rechte obere Ecke.
```

wird das Aufziehen bewirkt und das Rechteck fixiert.

19.3   Bewegen von Rechtecken

→ Man kann auch Rechtecke bewegen.

→ Hierzu klickt man mit der Maus die linke untere Ecke eines Rechtecks an. Mit
gedrückter Maustaste bewegt man den Cursor an die neue Position und löst
die Maustaste.

→ Dieses Verfahren wird mit der Funktion
eR=dragrect(aR)
eR: Liefert die endgültige Position-Property.
aR: Anfängliche Position-Property.

Da die Funktion axes-übergreifend arbeitet, benutzt sie für die Figure-Property
Units den Wert *Pixel*.

→ Mit der Anweisungsfolge:

```
waitforbuttonpress;        % Warten auf  Mousebotton-Druck.
p1=get(F,'CurrentPoint');% Cursor Position: linke untere Ecke.
aR=[p1(1,1) p1(1,2) 30 30];
dragrect(aR);              % Rechreck bewegen.
p2=get(A,'CurrentPoint');% Cursor Position: linke untere Ecke.
```

kann man das Verschieben bewirken.

20 Vermessung von Objekten

Es besteht die Möglichkeit der Vermessung von graphischen Objekten.

→ Ein Objekt sei in einem Figure dargestellt.

→ Betätigt man im Figure-Toolbar die Menutaste *DataCursor*, so wird der Cursor auf den Typ *cross* umgeschaltet.

→ Durch Betätigung der RMT wird nun ein Contextmenu ausgelöst. Man kann verschiedene Modi auswählen.

→ Bei Betätigung der LMT wird das Objekt vermessen.

21 Bewegung von Objekten

21.1 Grundsätzliches

Es existieren verschiedene Möglichkeiten das Erscheinungsbild eines Objekts zu verändern.

→ Die Kamera,also das Auge, bewegt sich.

Dieses Verfahren wird im Abschnitt *Kamera-Objekt* behandelt.

→ Die Lage des Objekts selbst wird verändert.

21.2 Translatorische Bewegung von Objekten

21.2.1 Translation eines Objekts durch Berechnung

→ Dazu führt man beispielsweise für die x-Achse folgende Befehle aus:

```
d=get(HS,'XData')
set(HS,'XData',d+v.)
```

Dabei ist d die alte Lage und $d + v$ die neue Lage des Objekts mit Handle HS.

→ Entsprechendes gilt für die y- und z-Achse.

→ Hier können zwei Fälle auftreten:

– Da das Programmsystem automatisch die Achsen bei jedem Update neu berechnet, bleibt das Objekt in Ruhe, aber die Achsbeschriftung ändert sich.

– Gibt man das Kommando `axis('manual')` so bewegt sich das Objekt.

21.2.2 Translation eines Objekts mittels Matlabfunktion

→ Die translatorischen Bewegungen selbst sind mausgesteuert. Hierzu betätigt man im Figure-Toolbar den Pushbotton *Pan*.

Über Contextmenu kann man verschiedene Varianten auswählen.

→ Um auch programmtechnisch bestimmte Einstellungen zu erreichen ruft man die Funktion

P=pan{F}

F: Figurehandle; P: Handle des Panobjekts.

→ Die wichtigsten Properties sind:

– Für ein Figure wird der *Panmode* erlaubt oder verboten:

Propname: **Enable**, Propvalue: *off|on*

Man kann diesen Modus auch für Axes im Figure selektiv einstellen. Hierzu ruft man:

setAllowAxesPan(P,A,Flag)

P: Handle des Panobjekts; A: Vektor von Axes-Handles.
Flag: 1 (Enabel) oder 0 (Disabel.

– Die Bewegungsrichtung des Objekts in einem Figure wird mit

Propname: **Motion**, Propvalue: *both|verical|horizontal*

eingestellt. Auch diese Property kann man axes-spezifisch einstellen. Dazu dient die Funktion:

setAxesPanMotion(P,A,style)

P: Handle des Panobjekts; A: Vektor von Axes-Handles.
Der Parameter style entspricht den Properties.

Hierbei ist zu beachten:

* Diese Property bewirkt bei zweidimensionalen Objekten eine Bewegung in einem festen Axes. Die Achsenbeschriftungen werden angepasst.

* Bei dreidimensionalen Objekten werden die Axes im Figure mitbewegt. Dabei wird bei den Axes nichts verändert. Die Motion-Property ist nur *both*.

– Die Bewegungsrichtung kann man axes-spezifisch abfragen mit

a=getAxesPanMotion(P,A)

P: Handle des Panobjekts; A: Vektor von Axes-Handles.
a: Cellarray mit den Motion-Properties pro Axes.

→ Es existieren noch spezielle Ausprägungen der pan-Funktion, die aber nicht nötig sind.

→ Hierzu und zur Inspektion aller Properties siehe *MATLAB-Help*

21.3 Rotation von Objekten

→ Hierzu dient die Funktion:

rotate(HS,la,dw,ur)
HS: Objekthanle
ur: Ursprung der Drehachse. ur=[x0,y0,z0]
la: Richtung der Drehachse la=[lx,ly,lz].
dw: Drehwinkel in Grad. > 0: rechtsdrehend.

→ Es können zwei Fälle auftreten:

– Da das Programmsystem automatisch die Achsen bei jedem Update neu berechnet, bleibt das Objekt in Ruhe, aber die Achsbeschriftung ändert sich.

– Gibt man das Kommando `axis('manual')` so bewegt sich das Objekt.

21.4 Beliebige Bewegungen im Figure

→ Ein Objekt kann in nahezu beliebiger Weise mausgesteuert in einem Figure bewegt werden.

→ Durch Betätigung des Pushbottons *Rotate 3D* im Figure-Toolbar kann man jetzt Bewegungen einleiten.

→ Um einige zusätzliche Möglichkeiten zu erlangen ruft man:
R=rotate3d({F})
R: Handle des Rotate-Objekts
F: Figure-Handle

→ Die Bewegung kann jetzt pro Axes erlaubt oder verboten werden:
setAllowAxesRotate(R,A,Flag)
R: Handle des Rotate-Objekts
A: Vektor von Axes-Handles
Flag: 1 (Bewegung erlaubt), 0 (nicht erlaubt)

→ Ist die Bewegung erlaubt, so kann man mittels Context-Menu verschiedene Möglichkeiten der Darstellung des Objekts bzw. zwischen zwei Bewegungsmöglichkeiten *mode=orbit|box* wählen. Dies ist auch mit:

`set(R,'RotateStyle','mode')`

möglich.

21.5 Zoomen

→ Das Ein- und Auszoomen von Objekten ist ebenfalls mittels der Pushbottons *Zoom In* und *Zoom Out* im Figure-Toolbar möglich.

→ Mittels Contextmenu kann man verschiedene Möglichkeiten auswählen.

→ Um programmtechnische Einflüsse wahrzunehmen ruft man:

Z=zoom(F);
Z: Handle des Zoom-Objekts
F: Figure-Handle

→ Nun kann man axesspezifisch Zoomen zulassen oder nicht. Dazu ruft man:

setAllowAxesZoom(Z,A,Flag)
R: Handle des Zoom-Objekts
A: Vektor von Axes-Handles
Flag: 1 (Bewegung erlaubt), 0 (nicht erlaubt)

→ Zu weiteren Aufrufformen der Zoom-Funktion siehe *MATLAB-Help* .

22   Licht-Objekt

Die Beleuchtung eines dreidimensionalen Objekts, wie Surface- und Patch-Objekte, erfolgt auf zwei Weisen, durch eine allgemeine Beleuchtung und durch eine zusätzliche Lichtquelle.

22.1   Einfluss von Axes-Properties

Die Farbe des Umgebungslichtes wird eingestellt mit:

Propname: **AmbientLightColor**, Propvalue: $'y|m|c|r|g|b|w|k'$

22.2   Einfluss von Surface- oder Patch-Properties

→ Die Wirkung des Umgebungslichts und die Wirkung der zusätzlichen Lichtquelle werden beschrieben mit:

Propname: **AmbientStrength**, Propvalue: 0.5|0.1|...|1|0

Propname: **DiffuseStrength**, Propvalue: 0|0.1|0.2|0.4|0.6|0.8|1

Propname: **SpecularStrength**, Propvalue: 0|0.1|0.2|0.4|0.6|0.8|1

Propname: **SpecularExponent**, Propvalue: 1|2|5|10

Propname: **SpecularColorReflectance**, Propvalue: 0|0.1|0.2|0.4|0.8|1

→ Diese Properties können auch mit einer Funktion eingestellt werden:
material([ka kd ks{ n{ sc}}])
ka: AmbientStrength, kd: DiffuseStrength, ks: SpecularStrength
n: SpecularExponent, sc: SpecularColorReflectance

→ Spezielle Einstellungen sind:

material shiny	=	material([0.3 0.6 0.9 20 1.0])
material dull	=	material([0.3 0.8 0.0 10 1.0])
material metal	=	material([0.3 0.3 1.0 25 0.5])
material default		

→ Die Vertex-Normalen werden von Matlab generiert (auto). Sie können aber auch selbst generiert werden (manual).

Propname: **VertexNormals**, Propvalue: *Matrix*

Propname: **NormalMode**, Propvalue: *auto|manual*

Propname: **BackFaceLighting**, Propvalue: *unlit|lit|reverselit*

22.3 Zusätzliches Light-Objekt

→ Ein Surface- oder Patch-Objekt kann von einer zusätzlichen Lichtquelle beleuchtet werden.

→ Man generiert ein Licht-Objekt im aktuellen Axes-Objekt mit der Funktion:

{H=}light{('Propertyname','Propertyvalue',...)}

→ Azimut a und Elevation e einer Lichtquelle kann gesetzt und ausgelesen werden:

{H=}lightangle(a,e)   Erzeugen eines Objekts und Setzen.
lightangle(H,a,e)   Setzen im Objekt
[a,e]=lightangle(H)   Auslesen

→ Das Lichtobjekt hat folgende Properties:

– Die beiden Surface- oder Patch-Properties bestimmen ob und wie die Lichtquelle auf das Objekt wirkt:
  Propname: **FaceLighting**, Propvalue: *flat|gouraud|phong|none*
  Propname: **EdgeLighting**, Propvalue: *flat|gouraud|phong|none*
  Dies kann man auch mit einer Funktion erreichen:
  lighting Propertyvalue

– aus- und anschalten der Lichtquelle:
  Propname: **Visible**, Propvalue: *on|off*

– Stil der Lichtquelle:
  Propname: **Style**, Propvalue: *infinite|local*.

– Position der Lichtquelle wird eingestellt mit;
  Propname: **Position**, Propvalue: $[x_l \ y_l \ z_l]$

– Die Strahlungscharakteristik ist:
  Propname: **Style**, Propvalue: *local|infinite*.
  Style=local: Die Lichtquelle gibt rundum Licht ab.
  Style=Infinite: Richtung der Lichtquelle. Lichtquelle strahlt parallel.

– Für die Farbe der Lichtquelle gilt:
  Propname: **Color**, Propvalue: $'y|m|c|r|g|b|w|k'$

23   Kamera-Objekt

In diesem Abschnitt wird die Möglichkeit der Gestaltung der Sicht auf ein Surface-oder Patch-Objekt besprochen.

23.0.1   Grundlegende Begriffe

→ Auf dem Bildschirm wird die größtmögliche Zeichenfläche angenommen. Sie wird in *MATLAB* als *Axes-Position-Rectangle (APR)* bezeichnet. Sie wird nicht dargestellt.

→ Bei dreidimensionalen Darstellungen wird das grafische Objekt in einer *Plot-Box* dargestellt. Die größtmögliche im Axes-Position-Rectangle darstellbare Plot-Box wird in *MATLAB* mit *Axes-Plot-Box* bezeichnet. Sie wird ebenfalls nicht dargestellt.

→ Diese Plotbox ist mit einem *rechtshändigen* rechtwinkeligen Koordinatensystem versehen.

→ In dieser Axes-Plot-Box wird ein dreidimensionales Objekt als Surface- oder als Patch-Objekt dargestellt. Es kann dargestellt werden.

→ Über eine symbolische Kamera betrachtet man dieses Objekt. Es wird also das grafische Objekt auf die Bildebene der Kamera abgebildet. Dieses Bild erscheint dann endgültig auf dem Bildschirm.

→ Diese Kamera wird als eigenständiges Objekt betrachtet. Seine Properties, die der Einstellung der Sicht auf ein Objekt dienen, gehören zur Gruppe der **Axes**-Properties, sie stehen über das Programm *CameraProp* zur Verfügung.

23.0.2   Camera-Properties

→ Die Position der Kamera, sie befindet sich normalerweise ausserhalb der Plot-Box,

   – Die Kameraposition, auch Viewpoint genannt, $v_K = [x_k \; y_K \; z_K]$ wird durch:
Propname: **CameraPositionMode**, Propvalue: *auto|manual*
voreingestellt. Wenn der Modus *manual* ist kann die Position eingestellt werden:
Propname: **CameraPosition**. Propvalue: $[x_k \; y_k \; z_K]$
beschrieben.

– Diese beiden Properties können mit einer Funktion eingestellt werden:
campos({H,}$[x_k\ y_k\ z_k]$**)**
campos({H,}'auto')
campos({H,}'manual')
Fehlt H, dann H=gca.

– Ein Auslesen dieser Properties ist auch möglich:
pos=campos{(H)}   Kameraposition
mode=campos(({H,}'mode')   Kameramode
Fehlt H, dann H=gca.

– Eine weitere Möglichkeit zur Bestimmung der Kameraposition ist die Angabe von Azimut (a), Elevation (e) und Abstand (r) vom Nullpunkt der Plotbox.

 * Der Azimutwinkel a wird von der negativen y-Achse im Gegenuhrzeigersinn gemessen. Es gilt $-\pi \le a \le \pi$.
 * Die Elevationswinkel e wird von der xy-Ebene nach oben und unten gemessen. Es gilt $-0.5\pi \le e \le 0.5\pi$.

– Bei zweidimensionalen Darstellungen ist somit stets $a = 0°$ und $e = 90°$.
– Bei dreidimensionalen wird in *MATLAB* als Default $a = -37.5°$ und $e = 30°$ eingestellt.
– Bei der Darstellung eines Surface- oder Patch-Objekts kann man zur Einstellung von Azimut und Elevation auch die Funktion benutzen:
view([a,e])   Winkeleinstellung mit $eps \le a$
view([xk yk zk])   Koordinateneinstellung
view(2)   2-dimensionaler Default.
view(3)   3-dimensionaler Default.

– Bei der Koordinateneinstellung wird bei der Funktion *view* der Abstand r ignoriert. Er wird ebenso wie der Öffnungswinkel der Kamera (siehe später) von *MATLAB* weiter automatisch bestimmt.

→ Eine zweite wichtige Einflußgröße ist der sog. *Zielpunkt*. Er liegt üblicherweise im Zentrum der Plot-Box.

– Mit der Property wird die Einstellung erlaubt:
Propname: **CameraTargetMode**, Propvalue: *auto|manual*
Bei *manual* kann eingestellt werden:
Propname: **CameraTarget**, Propvalue: $[x_T\ y_T\ z_T]$

– Die Verbindungslinie zwischen Kamerapositon und Zielpunkt wird *Sichtlinie, Viewing Axis* genannt.

– Diese Properties können mit der Funktion eingestellt werden:
camtarget({H,}$[x_T\ y_T\ z_T]$**)**
camtarget({H,}'auto')
camtarget({H,}'manual')
Fehlt H, dann H=gca.

– Ein Auslesen dieser Properties ist auch möglich:
   pos=camtarget{(H)}   Targetposition
   mode=camtarget(({H,}'mode')   Targetmode
   Fehlt H, dann H=gca.

→ Desweiteren ist der *Sichtwinkel, Viewangle* der Kamera für das Bild wichtig.

  – Seine Property wird gesetzt mit:
    Propname: **CameraViewAngleMode**. Propvalue: *auto|manual*
    Bei *manual* kann eingestellt werden:
    Propname: **CameraViewAngle**, Propvalue: v Es gilt $0° \leq v \leq 180°$.

  – Diese Properties können mit einer Funktion eingestellt werden:
    camva({H,}v)
    camva({H,}'auto')
    camva({H,}'manual')
    Fehlt H, dann H=gca.

  – Ein Auslesen dieser Properties ist auch möglich:
    pos=camva{(H)}
    Fehlt H, dann H=gca.

→ In Abhängigkeit der Einstellung obiger Modi ergeben sich unterschiedliche Gegebenheiten.

Die Abkürzung *AMA* meint:

Abk	Bedeutung
A	CameraViewAngleMode ist auf *auto*
M	CameraTargetMode ist auf *manual*
A	CameraPositionMode ist auf *auto*

Es ergibt sich dann:

Abk	Bedeutung
MMM	Alle drei Properties sind einstellbar.
MMA	Kamera wird entlang der Sichtlinie eingestellt.
MAM	Zielpunkt auf Default ausgerichtet.
AMM	Sichtwinkel wird so eingestellt, dass ganzes Bild sichtbar wird.
AAM	Sichtwinkel wie bei (d), Zielpunkt wie bei (c).
AMA	Sichtwinkel wie bei (d), Kameraposition wie bei (b).
MAA	Zielpunkt wie bei (c), Kameraposition wie bei (b).
AAA	Sichtwinkel wie bei (d), Zielpunkt wie bei (c), Kamera wie bei (b).

→ Es existiert noch eine Property:

- Propname: **CameraUpVector**, Propvalue: v_u

  in Verbindung mit:

  Propname: **CameraUpVectorMode**, Propvalue: **auto**—**manual**

- Diese Property beschreibt die Ausrichtung der Kamera.

- Ein senkrechter Strich im Sucher, also parallel zur positiven z-Achse wird mit dem Vektor $v_u = [0\ 0\ 1]$ beschrieben. Dies ist die Defaulteinstellung für dreidimensionale Darstellungen..

- Für zweidimensionale Darstellungen ist der Default-Up-Vektor $v_u = [0\ 1\ 0]$, er zeigt also in die positive y-Richtung.

- Ist die *CameraUpVectorMode*-Property auf *auto* eingestellt, so wird die Defaulteinstellung benutzt. Ist die Property auf *manual* gesetzt, wird die Einstellung vom Benutzer bestimmt.

- Diese Properties können mit der Funktion eingestellt werden:

  camup({H,}[$x_u\ y_u\ z_u$])
  camup({H,}'auto')
  camup({H,}'manual')
  Fehlt H, dann H=gca.

- Ein Auslesen dieser Properties ist auch möglich:

  upos=camup{(H)}   UpVector-Position
  umode=camup(({H,}'mode')   UpVector-Mode
  Fehlt H, dann H=gca.

→ Die Projektion wird durch folgende Property festgelegt:

Propname: **Projection**, Propvalue: *orthografic|perspective*

Es existiert eine Funktion zum Setzen dieser Property:

  camproj({H,}'orthografic')
  camproj({H,}'perspective')
  Fehlt H, dann H=gca.

Ein Auslesen dieser Properties ist auch möglich:

  proj=camproj{(H)}
  Fehlt H, dann H=gca.

23.0.3 Kopplung eines Light-Objekte mit einem Kamera-Objekt

→ Für das Lightobjekt gelten alle im entsprechenden Kapitel besprochenen Regeln.

→ Das Lichtobjekt mit Handle H wird gekoppelt:

H=camlight({H,}{ort})
Fehlt der Handle bei den Eingabeparameter wird ein Light-Objekt erzeugt.
Ort der Lichtquelle: ort='headlight'|'right'|'left'
Fehlt das zweite Argument so gilt 'right'

→ Weiter kann die Position der Lichtquelle relativ zur Kameraposition durch
Azimut a und Elevation e eingestellt werden. Der Stil der Lichtquelle kann
ebenfalls ausgewählt werden:

H=camlight({H,}a,e{,style})
Fehlt der Handle bei den Eingabeparameter wird ein Light-Objekt erzeugt.
Es gilt style='infinite'|'local'. Default: *local*.

23.0.4 Unterprogramme für spezielle Kamerabewegungen

→ Man kann die Kamera in Winkelschritten von $w°$ um die Sichtlinie rotieren
lassen:

camroll({H},w)
Bei $w > 0$ im Uhrzeigersinn.

→ Eine Bewegung auf der Sichtlinie ist möglich:

camzoom({H},f)
$f > 1$: Weg vom Zielpunkt, $0 < f < 1$: In Richtung Zielpunkt.

→ Eine orbitale Bewegung erhält man mit:

camorbit(theta,phi,mod,{dir})

theta und *phi* sind aufeinander senkrecht stehende Winkelinkremente für eine
Bewegung die von *mod* abhängig ist:

mod
'camera'   Rotation um Zielpunkt. *dir* entfällt.
'data'   Rotation um Achse durch Zielpunkt.
             Z.B. z-Achse: $dir = [001]$.

→ Translatorische Bewegungen erreicht man mit:

camdolly(dx,dy,dz,mode)

dx, dy und dz sind Bewegungselemente in x-, y-Richtung bzw in Richtung der
Sichtlinie von Kamera und Zielpunkt. Letzteres allerdings nur bei $mode ='$
$movetarget'$ und nicht bei $mode =' fixtarget'$.

→ In einer Szene (Axes) können mehrere Objekte existieren. Mit der folgenden
Funktion kann man die Kamera gezielt ausrichten.

camlookat{(H)}
H ist Axes-Handle: Alle Objekte sind sichtbar. Gilt auch wenn H fehlt.
H ist ein Objekt-Handle: Ausrichten auf das Objekt.

23.1 Kombinationsfunktion

Ein Surface- und ein Light-Objekt mit weitestgehenden Voreinstellungen sind in der
der Funktion:

H=surfl({X,Y,}Z{,s]}{,k}{,'light'})

Ohne 'light': Surface-Handle, mit 'light': [Surface-, Light-Vektor]

s=[Azimut Elevation] (siehe Camera-Objekt), oder s=[sx sy sz] als Position.

k=[AmbientStrength DiffuseStrength SpecularStrength SpecularExponent]

kombiniert

24 Transparenz von Surface- und Patch-Objekten

Die *Transparenz* von Surface- und Patch-Objekten ist ein wesentliches Element zur Gestaltung des optischen Eindrucks.

24.1 Übersicht

→ In Entsprechung zur Farbgebung eines Surface- und Patch-Objekts kann man ihnen auch einen Grad von Tranzparenz zuordnen.

→ Die Transparenz wird durch eine Zahl $0 \leq t \leq 1$ definiert. $t = 0$ beschreibt die Undurchsichtigkeit und $t = 1$ die volle Durchsichtigkeit.

→ Bei Surface-Objekten wird jeder Funktion $Z = f(X, Y)$ eine *AlphaData-Matrix* A zugeordnet.

→ Bei Patch-Objekten wird eine *Face-Vertex-AlphaData-Matrix* erzeugt.

→ Die AlphaData- und Face-Vertex-AlphaData-Matrix werden auch unter der Bezeichnung Alpha-Daten zusammengefaßt.

→ Die Alpha-Daten können direkt die Transparenzwerte enthalten. Sie können aber auch über eine Alphamap in die Transparenzwerte transformiert werden (siehe weiter unten).

24.2 Alpha-Daten

Die Elemente dieser Matrix können im Prinzip beliebige Werte annehmen.

24.2.1 AlphaData-Matrix für Surface- und Image-Objekte

→ Für ihre Größe gilt $size(A) = Size(Z)$.

→ Sie werden mit der Property gesetzt:

Propname: **AlphaData**, Propvalue: *Matrix vom Typ double oder uint*8

→ Die AlphaData-Matrix kann man auch durch eine Funktionen setzen:

alpha({H,}'x')   AlphaData=XData
alpha({H,}'y')   AlphaData=YData
alpha({H,}'z')   AlphaData=ZData
alpha({H,}'color')   AlphaData=CData
alpha({H,}'rand')   AlphaData=Zufallszahlen

H: Handle des Objekts, fehlt dieser: Alle Objekte im aktuellen axes.

→ Die Interpretation der Matrixelemente wird auch durch eine Property bestimmt:

Propname: **AlphaDataMapping**, Propvalue: *none|scaled|direct*

Die Property-Werte haben folgende Bedeutung:

- *none*: Die Matrix enthält die Transparenzwerte.
- *direct*: Die Matrix enthält einen Index in die AlphaMap.
- *scaled*: Die Matrix enthält eine Zahl, die über eine Skalierung in einen AlphaMap-Index umgerechnet wird[1].

Diese Property lässt sich auch mit einer Funktion setzen:

alpha({H,}Propertyvalue)
H: Handle des Objekts, fehlt dieser: Alle Objekte im aktuellen axes.

→ Zwei weitere Properties, sie gelten nur für Surface-Objekte, bestimmen ebenfalls die Wirkung der AlphaData-Matrix.

- Propname: **FaceAlpha**, Propvalue: *t|flat|interp*

  Die Property-Werte haben folgende Bedeutung:

  * *t*: Transparenzwert $0 \leq t \leq 1$. Dieser Wert bestimmt die Transparenz aller Faces.
  * *flat*: Die Alpha-Daten bestimmen die Transparenz. Der Wert des ersten Knotens bestimmt die Transparenz aller Faces.
  * *interp*: Interpolation zwischen den Vertices eines Faces bestimmt die Transparenz des Faces.

  Entsprechendes leistet die Funktion:

  alpha({H,}'flat')
  alpha({H,}'interp')
  alpha({H,}'opaque')   Propertyvalue=1
  alpha({H,}'clear')   Propertyvalue=0
  H: Handle des Objekts, fehlt dieser: Alle Objekte im aktuellen axes.

- Propname: **EdgeAlpha**, Propvalue: *t|flat|interp*

  Die Property-Werte haben folgende Bedeutung:

---

[1]Siehe weiter unten.

* t:Transparenzwert $0 \leq t \leq 1$. Dieser Wert bestimmt die Transparenz aller Edges.
* $flat$:Die Alpha-Daten bestimmen die Transparenz. Der Wert des ersten Knotens bestimmt die Transparenz der Edges.
* $interp$: Interpolation zwischen den Vertices eines Faces bestimmt die Transparenz der Edges.

24.2.2 Face-Vertex-AlphaData-Matrix für Patch-Objekte

→ Die Matrix wird mit der Property gesetzt:

Propname: **FaceVertexAlphaData**, Propvalue: *Matrix vom Typ double*

Die Matrix kann folgende Größen haben:

- 1×1-Matrix: Die Zahl bestimmt die Transparenz des gesamten Patch.
- $1 \times m$-Matrix: m ist die Anzahl der Faces. Matrixname: F.
- $1 \times n$-Matrix: n ist die Anzahl der Vertices. Matrixname: Matrixname: V.

→ Die Interpretation der Matrixelemente wird auch durch eine Property bestimmt:

Propname: **AlphaDataMapping**, Propvalue: *none|scaled|direct*

Die Property-Werte haben folgende Bedeutung:

- *none*: Die Matrix enthält die Transparenzwerte.
- *direct*: Die Matrix enthält einen Index in die AlphaMap.
- *scaled*: Die Matrix enthält eine Zahl, die über eine Skalierung in einen AlphaMap-Index umgerechnet wird (siehe weiter unten).

→ Die FaceVertexAlphaData-Matrix kann man auch durch eine Funktionen setzen:

alpha({H,}'x')	FaceVertexAlphaData=V(:,1)
alpha({H,}'y')	FaceVertexAlphaData=V(:,2)
alpha({H,}'z')	FaceVertexAlphaData=V(:,3)
alpha({H,}'color')	FaceVertexAlphaData=C
alpha({H,}'rand')	FaceVertexAlphaData=Zufallszahlen

H: Handle des Objekts, fehlt dieser: Alle Objekte im aktuellen axes.

Zur Bedeutung der Matrizen V und C siehe Patch-Objekte.

→ Die Interpretation der Matrixelemente wird auch durch eine Property bestimmt:

Propname: **AlphaDataMapping**, Propvalue: *none|scaled|direct*

Die Property-Werte haben folgende Bedeutung:

- *none*: Die Matrix enthält die Transparenzwerte.

– *direct*: Die Matrix enthält einen Index in die AlphaMap.

– *scaled*: Die Matrix enthält eine Zahl, die über eine Skalierung in einen AlphaMap-Index umgerechnet wird (siehe weiter unten.)

Diese Property lässt sich auch mit einer Funktion setzen:

alpha({H,}Propertyvalue)
H: Handle des Objekts, fehlt dieser: Alle Objekte im aktuellen axes.

→ Zwei weitere Properties bestimmen ebenfalls die Wirkung der FaceVertexAlphaData-Matrix.

– Propname: **FaceAlpha**, Propvalue: *t|flat|interp*
Die Property-Werte haben folgende Bedeutung:

* *t*: Transparenzwert $0 \le t \le 1$. Dieser Wert bestimmt die Transparenz aller Faces.

* *flat*: Die Alpha-Daten (F-Matrix) bestimmen die Transparenz. Der Wert des ersten Knotens bestimmt die Transparenz des gesammten Faces.

* *interp*: Interpolation zwischen den Vertices eines Faces bestimmt die Transparenz des Faces. Es muss eine V-Matrix vorliegen.

Entsprechendes leistet die Funktion:

alpha({H,}'flat')
alpha({H,}'interp')
alpha({H,}'opaque')   Propertyvalue=1
alpha({H,}'clear')   Propertyvalue=0
H: Handle des Objekts, fehlt dieser: Alle Objekte im aktuellen axes.

– Propname: **EdgeAlpha**, Propvalue: *t|flat|interp*
Die Property-Werte haben folgende Bedeutung:

* *t*: Transparenzwert $0 \le t \le 1$. Dieser Wert bestimmt die Transparenz aller Edges.

* *flat*: Die Alpha-Daten bestimmen die Transparenz. Der Wert des ersten Knotens bestimmt die Transparenz der Edges.

* *interp*: Interpolation zwischen den Vertices bestimmt die Transparenz der Edges.

24.3 Alphamap

→ Die Alphamap ist eine $m \times 1$-Matrix (AM) und ist als **Figure-Property**
Propname: **Alphamap**, Propvalue: *AM*

gespeichert. Es gilt: $0 \le AM(i,k) \le 1$. Mit der Funktion

alphamap(AM)

kann man eine Alphamap erzeugen.

→ Es können verschiedene Formen der Alphamap mit den Namen:

$name = rampup|rampdown|vup|vdown$

erzeugt werden. Es handelt sich um ansteigende und fallende Rampen, sowie ∨- und ∧-Formen. Man kann die aktuelle Alphamap erzeugen:

{AM=}alphamap({F,}'name'{,l})
{AM=}alphamap({F,}'default'{,l})   Default-Alphamap
Bei fehlender Ausgabevariable wird die Property gesetzt.
Ist diese vorhanden, so wird die Property nicht gesetzt.
Fehlt der Figure-Handle F wird F=gcf gesetzt.
Fehlt die Länge l wird die neue Alphamap gleich der Länge der aktuellen Alphamap.

→ Die aktuelle Alphamap kann verschoben werden:

{AM=}alphamap({F,}'increase',d)   Nach oben um d
{AM=}alphamap({F,}'decrease',d)   Nach unten um d
{AM=}alphamap({F,}'spin',d)   Rotation um ± d
Bei fehlender Ausgabevariable wird die Property gesetzt.
Ist diese vorhanden, so wird die Property nicht gesetzt.
Fehlt der Figure-Handle F wird F=gcf gesetzt.

→ Zur Verschiebung einer Alphamap dient auch:

AlphaMap(Q,n,m,F1,F2)
Im Menu mit Handle Q wird aus Popupmenu n der Name und aus den Eingabefeldern m=[m1,m2] die senkrechte Verschiebung und die Rotation gelesen.
Im Fenster F1 wird die Alphamap dargestellt.
Für das Fenster F2 wird die Property gesetzt.

→ Die aktuelle Alphamap eines Figures erhält man:

AM=alphamap{(F)}
Fehlt der Figure-Handle F wird F=gcf gesetzt.

24.4   Übergang von AlphaData zur Transparenz

→ Die ALpha-Daten, bei Surface-Objekten, oder FaceVertexALpha-Daten, bei Patch-Objekten, müssen in Abhängigkeit von der AlphaDataMapping-Property in Transparenzdaten umgerechnet werden. Die Matrizen seien A und ein Element sei a.

→ Liegt die Property

Propname: **AlphaDataMapping**, Propvalue: *none*

vor, so ist a der Transparenzwert. Die AlphaMap wird nicht gebraucht.

$\rightarrow$ Liegt die Property

Propname: **AlphaDataMapping**, Propvalue: *direct*

vor, so ist a ein Index in die Alphamap. Dabei wird er unter Umständen verändert:

$a \leq 1 \rightarrow a = 1$ und $a > m \rightarrow a = m$ mit $m = size(alphamap, 1)$.

$\rightarrow$ Bei der skalierte Abbildung ist

Propname: **AlphaDataMapping**, Propvalue: *scaled*

Für die Skalierung gilt:

– Es sei eine Vektor $cl = [amin\ amax]$ gegeben. Für seine Komponenten muss gelten:

$amin \geq min(A(:))$ und $amax \leq max(A(:))$
und $amin < amax$.

– Diesen Vektor kann man über eine Funktion einstellen:

alim([amin amax])

– Auch eine Einstellung über Axes-Properties ist möglich:

Propname: **AlimMode**, Propvalue: *auto|manual*

Bei Einstellung von *manual* kann man rufen:

Propname: **Alim**, Propvalue: $[amin\ amax]$

– Für den Index i in der Alphamap wird dann berechnet:

$$i = \frac{fix(c_{i,k} - amin)}{amax - amin} * m + 1 \qquad (24.1)$$

– Die Defaulteinstellung vom $[amin\ amax]$ ist so gewählt, dass die ganze Matrix A in die Alphamap passt.

– Die aktuelle Einstellung kann man auslesen:

[amin amax]=alim

– Die Wirkung der $[amin\ amax]$-Einstellung hängt von der Einstellung der FaceAlpha- und EdgeAlpha-Properties ab. Es muss eingestellt sein:

Propname: **facealpha**, Propvalue: *interp|flat*

Propname: **edgealpha**, Propvalue: *interp|flat*

25 GUI-Objekte

Es werden die *MATLAB* -Werkzeuge zum Aufbau eines *interaktiven grafischen Interfaces* zwischen Benutzer und Programm besprochen. Im Englischen spricht man von *Graphical User Interface (GUI)*.

Ein derartiges Interface kann aus mehreren Gruppen von Elementen bestehen. Diese werden nachfolgend besprochen.

25.1 Uicontrol-Objekt

Hierbei handelt es sich um Objekte mit denen man ein *Menu* zur Programmsteuerung erzeugen kann.

→ Folgende Objekte können erzeugt werden:

Nr	Name	Zweck
1	Pushbotton	Zur Auslösung eines Callback.
2	Chekbox	Auswahl zwischen zwei Möglichkeiten.
3	Radiobutton	Auswahl zwischen mehreren Möglichkeiten.
4	Slider	Gleitende Einstellung einer Zahl in einem Bereich.
5	Popup-Menu	Auswahl aus einer Liste.
6	Static Text	Festen Text ausgeben.
7	Editable Text	Texteingaben.
8	Frame	Umrahmen mehrer Felder.

→ Zur Erzeugung dieser Ein- und Ausgabemöglichkeiten dient die Funktion
H=uicontrol(F,Propertylist)
F: Handle des Figures in dem dieses Element erscheinen soll.
H: Handle des erzeugten Objekts.

→ Für diese Objekte gelten die *UiControl*-Properties. Man kann sie im Demonstrationsprogramm *DemoUiCon* studieren.

→ Bei Uicontrol-Objekten mit *String − Property* ist es oft schwer die richtige Breite und Höhe des Objektes für die Textausgabe zu bestimmen. Man bedient sich dann der Funktion
[txa,posa]=textwrap(H,txe)
txa: Text für String-Property des Objekts H.
txa: Umgeordneter Text für String-Property des Objekts H.
posa: Neuer Wert für Position-Property in Objekt H.

Beispielsweise schreibt man dann:

```
H=uicontrol('Style','Text','Position',pos);
[txa,posa]=textwrap(H,txe);
set(H,'String',txa,'Position',posa);
```

25.2   Uipanel-Objekt

Hierbei handelt es sich um einen Container für Uicontrol-Objekte.

→   Erzeugt wird ein Panel mit der Funktion
   HP=uipanel({P,}Propertylist)
   HP: Panel-Handle
   P: Handle des Elter (Figure, Panel). Fehlt Handle: P=gcf

→   Zur Festlegung der Lage und Größe eines Panels dienen normalisierte Koordinaten im Elterobjekt ($0 \leq x \leq 1$).

→   Die Schachtelungstiefe ist beliebig.

→   Ein Panel kann $axes-$, $uicontrol-$, $uibottongroup-$Objekte enthalten.

→   Die Properties kann man im Demonstrationsprogramm $DemoUiCon$ studieren.

25.3   Änderung des Toolbars und des Menubars eines Figures

25.3.1   Uimenu-Objekt

Mit diesem Objekt kann man den Menubar eines Figure erweitern.

→   Um weitere Pushbottons einzufügen ruft man
   HM=uimenu(HF,'Label','Pushbottonname','Callback',cb)
   HF: Handle des Fensters in dessen Menuleiste der Pushbotton eingefügt werden soll.
   Wird der Pushbotton betätigt, so wird nach cb gesprungen.

→   Man kann auch ein Popup-Menu einfügen.

   – Man ruft dann:
      HM=uimenu(HF,'Label','Pushbottonname','Callback',cb)
      {HP1}=uimenu(HM,'Label','Position 1','Callback',cb1)
      {HP2}=uimenu(HM,'Label','Position 2','Callback',cb2)
      {HP3}=uimenu(HM,'Label','Position 3','Callback',cb3)
      In diesem Beispiel hat das Popup-Menu drei Positionen.

134

– Beim Anklicken der i-ten Position wird der Callback *cbi* ausgelöst.

→ Eine effektivere Programmiermethode hat man zur Verfügung wenn man wie folgt vorgeht:

– Die Menus werden definiert:
```
txt=char{'|menu1|submenu11|...|submenu1i|...submenu1n}|',...
         '|menu2|submenu21|...|submenu2i|...submenu2m}|',...
         '|menu3|'}
```

– Ein Menupunkt gehört somit zur Zeile z und dem Untermenu n.

– Das Popup-Menu wird mit der Funktion erzeugt:
  - **P=mkpopup(F,txt,cb,kz)**
    F: Figurehandle, txt: Menubeschreibung, cb: Callbackname, kz: Kennziffer.

– Bei Betätigung eines Menus wird der Callback cb(kz,p) gerufen.

– Wenn nur ein Hauptmenu vorhanden ist gilt p=z.

– Bei vorhandenen Untermenus gilt p=[z,n].

– P ist ein Vektor von Strukturelementen. Die Reihenfolge ist durch txt gegeben. Das zur zweiten Zeile gehörige Element hat den Aufbau: $P(2).h$ ist der Handle des Menuelements, $P(2).u$ ist der Vektor der Submenuhandles.

→ Man kann Popup-Menus beliebiger Tiefe erstellen.

→ Es gelten die *Uimenu*-Properties.

25.3.2 Erzeugen eines Figure-Toolbar

Man kann einem Figure einen Toolbar hinzufügen.

Zuerst muss man einen neuen Toolbar erzeugen. In einem zweiten Schritt müssen dann Bedienungselemente erzeugt werden.

25.3.3 Uitoolbar-Objekt

→ Einen Toolbar erzeugt man mit

H=uitoolbar({F,}Propertylist)
H: Objekt-Handle
F: Figure-Handle. Fehlt er, wird F=gcf.

→ Es existieren *Uitoolbar − Properties*. Sie werden aber praktisch, abgesehen von der Defaulteinstellung, nicht benötigt.

→ Der Toolbar erscheint nur wenn für das Figure die Property *Windowstyle* auf *normal* oder *docked* eingestellt ist. Ist sie auf *modal* gesetzt, so wird der Toolbar nicht dargestellt.

→ Als Child des Figures wird der Toolbar zusammen mit Figure gelöscht.

→ In einem Figure können mehrere Toolbats erzeugt werden.

25.3.4 Uipushtool-Objekt

→ Es handelt sich um einen Pushbotton,der im Toolbar plaziert ist.

→ Die Erzeugungsfunktion lautet
HP=uipushtool({HT,}Propertylist)
HP: Pushbotton-Handle
HT: Toolbar-Handle

→ Folgende Properties sind von Bedeutung:

Propname: **Enable**, Propvalue: *on|off*

Propname: **TooltipString**, Propvalue: *String*

Propname: **CData**, Propvalue: $m \times 3RGB - Bild$

Propname: **Seperator**, Propvalue: *off|on*

Propname: **ClickedCallback**, Propvalue: *String oder Funktionshandle*

Weitere Properties sind über *MATLAB-Help* zugänglich.

→ Es kann kein Contextmenu erzeugt werden!

25.3.5 Uitoggletool-Objekt

→ Hier wird ein Toggelswitch im Toolbar plaziert.

→ Die Erzeugungsfunktion lautet
HP=uitoggeltool({HT,}Propertylist)
HP: Toggel-Handle
HT: Toolbar-Handle

→ Folgende Properties sind von Bedeutung:

Propname: **Enable**, Propvalue: *on|off*

Propname: **TooltipString**, Propvalue: *String*

Propname: **CData**, Propvalue: $m \times 3RGB - Bild$

Propname: **Seperator**, Propvalue: *off|on*

Propname: **OffCallback**, Propvalue: *String oder Funktionshandle*

Propname: **OnCallback**. Propvalue: *String oder Funktionshandle*

Weitere Properties sind über *MATLAB-Help* zugänglich.

$\rightarrow$ Es kann kein Contextmenu erzeugt werden!

26 Dlg-Boxes

Für die Mensch-Programm-Koordination und für die Datenverwaltung existieren in *MATLAB* spezielle Boxen. Diese sind auf Basis des Figure-Objekts mit Uicontrol-Objekten aufgebaut.

Es existieren verschiedene Ausführungsformen.

26.1 Dialog-Box

Hierbei handelt es sich um ein Figure-Objekt. Alle Inhalte des Figure müssen programmiert werden.

Zur Erzeugung dient die Funktion:

{F=}dialog('PropertyName',PropertyValue,...)
F: Figure-Handle
Das Figure ist modal!

Die Dialog-Box kann somit nur über den *Figure-Menu- Pushbotton Schließen* geschlossen werden.

26.2 Message-Box

→ Diese Box ist komplexer als die Dialogbox aufgebaut. In ihr wird eine Meldung dargestellt. Diese muss quittiert werden.

→ Man ruft sie mit der Funktion:
   {F=}msgbox(Message{,Title}{,'Icon'}{,'CreateMode'})
   F: Figure-Handle
   Für das Icon gilt: *none|error|help|warn*.
   Für CreateMode gilt: *modal|non − modal|replace*. Für replace sieh *MATLAB* -Help.
   Die Defaulteinstellung der CreateMode ist non-modal.

→ Zur Quittierung der Nachricht enthält die Message-Box einen Pushbotton *ok*. Bei Betätigung wird das Fenster geschlossen.

→ Das Figure-Objekt ist Elter von zwei Axes-Objekten und einem Uicontrol-Objekt. Das eine Axes-Objekt $AX(2)$ dient der Nachrichtenausgabe. das Objekt $AX(1)$ nimmt das Icon auf.

→ Der Ausgabetext *Message* ist Kind des Axes-Objekts $AX(2)$. Seine Properties können natürlich eingestellt werden.

→ Man kann auch ein eigenes Icon verwenden.

Die Erzeugungsfunktion ist dann:

F=msgbox(Message,Title,'custom',IconData,IconCMap{,'CreateMode'})

Soll ein Jpg-Bild zum Icon werden, schreibt man:

```
B=imread('Bild.jpg);
[IconData,IconCMap]=rgb2ind(B,64);
```

→ Es existieren auch vorgefertigte Message-Boxes. Dazu rufr man:

H=helpdlg(Message,Title)
H=warndlg(Message,Title)
H=errordlg(Message,Title)

26.3 Abfrage-Box

→ Bei dieser Box kann man zwischen zwei oder drei Alternativen wählen.

→ Die erforderliche Funktion lautet:

button=questdlg(fr{,wna{,def}})
button=questdlg(fr,wna,str1,str2{,str3},def)
wna: Figurenamen.
fr: Frage.
str1, str2 und str3: Bezeichnung der alternativen Pb.
def: Muss gleich einem der Bezeichner der Alternativen sein.

→ Ist *def* nicht gleich einem der Bezeichner *stri*, wird ein Warnsignal ausgegeben. Die Abfrage-Box bleibt aktiv.

26.4 Menu-Box

→ Es wird ein Menu erzeugt, das aus einer beliebigen Zahl von Pushbottons besteht.

→ Man erzeugt es mit der Funktion

k=menu(Titel,Pb1,Pb2,...Pbn)
Titel: Menutitel
Pbi: Bezeichner für die Pushbottons.

→ Das Ergebnis k ist die Nummer des gedrückten Pushbottons *Pbk*.

→ Dieser Menuaufbau ist sehr begrenzt. Es wird daher empfohlen ein Menu so zu gestalten wie es in *Benutzerschnittstelle für Matlab* beschrieben ist.

26.5   Popup-Box

→   Es wird eine Popup-Liste mit Quittung realisiert.

→   Man ruft die Funktion
   [sel,ok]=listdlg(Propertylist)
   sel: Ausgewähltes Listenelements (String).
   ok=1: Wahl gilt; ok=0: Fehler.

→   Die Properties sind:

   Propname: **ListString**, Propvalue: *Cellarray der Namensstrings*.

   Propname: **SelectionMode**, Propvalue: *single|multiple* (*D*)

   Propname: **Listsize**, Propvalue: *[width heiht]|*[160 300] (*D*)

   Propname: **Initialvalue**, Propvalue: ?

   Propname: **Name**, Propvalue: *Figure − Titel*

   Propname: **PromptString**, Propvalue: *Kommentar vor der Liste*

   Propname: **OKString**, Propvalue: *OK − Button − Name*

   Propname: **CancelString**, Propvalue: *Cancel − Button − Name*

   Propname: **uh**, Propvalue: *PB − HoeheinPixel|*18(*D*)

   Propname: **fus**, Propvalue: *Frame/Uicntrl − Spacing|*8 (*D*)

   Propname: **ffs**, Propvalue: *Frame/Figure − Spacing|*8 (*D*)

→   Diese Popup-Box ist *modal*.

26.6   Eingabe-Box

→   Diese Box dient der Eingabe von *m* Stringvariablen. Zusätzlich existiert ein Quittierungs- und eine Ignore-Möglichkeit.

→   Diese Box ist *modal*.

→   Die Erzeugungsfunktion lautet:
   a=inputdlg(name{,ti{,nl{,def{,opt}}}})
   ti: Figure-Name

→   Folgende Parameter sind in Cellarrays der Größe *m* organisiert:

   –   Ergebnisse *a*.

   –   Variablennamen *name*.

   –   Defaultwerte *def*.

→ Pro Variable können mehrere Eingabezeilen existieren. Für die Variable *nl* gilt

  – Ist *nl* ein Skalar, so erhält jede Variable die gleiche Zahl an Eingabezeilen.

  – Ist *nl* ein *m* Zeilenvektor, so enthält die Zeile die Zahl der Eingabezeilen für einen Variable.

  – Ist *nl* eine *m* × 2 Matrix, so enthält die erste Spalte die Zahl der Eingabezeilen und die zweite Spalte die Breite des Eingabezeilen, gemessen in Zeichen.

→ Der Parameter *opt* beschreibt Properties in einer Struktur:

  Propname: **opt.Resize**, Propvalue: *on|off*

  Propname: **opt.WindowStyle**, Propvalue: *normal|modal*

  Propname: **opt.Interpreter**, Propvalue: *none|tex*

26.7 Weitere Dialogboxes

Für die Erläuterung der Boxes

uigetfile, uiputfile, uisave, uistack, uigetdir, uiimport, uiopen, uigetprev, uisetprev, uibottongroup

wird auf *MATLAB Help* verwiesen.

27 Grafische Ein- und Ausgabe

Es besteht die Möglichkeit die Cursorposition in einem Figure oder 2D-Axes einzulesen und Texte interaktiv an der Cursorposition in einem Figure auszugeben.

Die Cursorposition muß mit der Maus angewählt werden. Anschließend ist eine Maustaste zu betätigen.

27.1 Grafische Eingabe von Koordinaten in einem Axes

Mit der Funktion

$\quad$ [x,y,b]=ginput{(n)}
$\quad$ Fehlt n: n=∞.
$\quad$ x(1:n),y(1:N)

kann man n Punktkoordinaten $P(x, y)$ und die Größe b einlesen.

→ Für b gilt: *Linke Taste (1)*, *Mitteltaste (2)* und *Rechte Taste (3)*.

→ Die Aufnahme kann mit Drücken des *Return key* beendet werden.

→ Der Cursor wird, solange die Funktion aktiv ist, auf *fullcross* umgeschaltet.

27.2 Interaktive Ausgabe von Text

→ Mit der Funktion

$\quad$ gtext('Text')

kann man an der mit dem Cursor angewählten Stelle im Figure den *Text* plazieren.

→ Man kann an einer Stelle auch mehrere Texte plazieren (die Klammern {} bedeuten ein Cellarray):

$\quad$ gtext({'Stelle 1','Stelle 2',...,'Stelle n'})

→ Ebenso kann man an verschiedenen Stellen einen Text plazieren:

$\quad$ gtext({'Stelle1';'Stelle 2';...;'Stelle n'})

143

28 Kommentierung von Objekten

Die Kommentierung (Annotation) der Darstellung von Objekten ist speziell bei Vorträgen ein willkommenes Hilfsmittel.

28.1 Annotation-Objekte

→ Kommentare werden in einem eigenen Axes-Objekt (Layer), das das Figure-Objekt überlagert dargestellt. Andere Objekte können in diesem Layer nicht dargestellt werden.

→ In diesem Layer werden nur normalisierte Figure-Koordinaten zur Lokalisierung von Annotation-Objekten, über alle Axes hinweg,benutzt.

→ Es ist zweckmäßig diese Figure-Koordinaten durch Cursormarkierung zu ermitteln.

→ Zur Objekterzeugung dient das Unterprogramm
    H=annotation('Name 1',x,y)
    Objektanfang: x(1),y(1); Objektende: x(2),y(2).
    H=annotation('Name 2',[x,y,b,h])
    Linke untere Ecke des Objekts x,y; Objektbreite b; Objekthöhe h
    Alle Parameter x,y,b und h sind normalisierte Koordinaten.
Für die Objekt-Namen gilt:

Name 1	Name 2
line	textbox
arrow	ellipse
doublearrow	rectangle
textarrow	

→ Es ist auch möglich die beschriebenen Objekte über den Figure-Menubar zu erzeugen. Es wurde aber darauf verzichtet diese Möglichkeiten hier zu beschreiben.

→ Da sich die Properties der verschiedenen Annotation-Objekte einerseits alle voneinander unterscheiden und andererseits sie große Verwandtschaft zu Line- und Marker-Properties haben, wird auf die Einzelnennung verzichtet.

28.2 Legend-Objekt

Eine zweite Möglichkeit zur Kommentierung von graphischen Objekten ist durch das Anbringen von Erläuterungen zu den einzelnen Kurven gegeben.

→ Hierzu dient die Funktion:
   PL=legend(s1,s2,...sn,Propertylist)
   PL: Handle des Legend-Objekts.

→ Beim Plotten wurden die Handles der einzelnen Kurven in der Reihenfolge ihres Entstehens im Parent-Objekt in der Child-Property abgelegt.
   Die Bezeichnungsstrings *si* werden den Kurven in dieser Reihenfolge zugewiesen.

   Das Aussehen der jeweiligen Kurve und der String *si* werden in eine Legende dargestellt.

→ Die wichtigsten Properties des Legend-Objekts sind:

   Propname: **Visible**, Propvalue: *on|off*

   Propname: **Box** , Propvalue: *on|off*

   Propname: **Orientation**, Propvalue: *vertical|horizontal*

   Propname: **Location**, Propvalue: *NorthEast|North|NorthWest|*

   NorthOutside|NorthEastOutside|South|SouthEast|SouthWest|

   SouthOutside|SouthEastOutside|SouthWestOutside|

   NorthWestOutside|EastOutside|

   WestOutside|North|Best|BestOutside

   Propname: **EdgeColor**, Propvalue: *w|y|m|c|r|g|b|k*

   Propname: **Color**, Propvalue: *w|y|m|c|r|g|b*

   Propname: **EdgeColor**, Propvalue: *w|y|m|c|r|g|b|k*

   Propname: **Interpreter**, Propvalue: *none|tex*

→ Das Demonstrationsprogramm ist *DemoLegend*.

   Dort kann man auch alle Properties studieren.

→ Es existieren weitere Möglichkeiten für den Funktionsaufruf. Es wird auf *MATLAB-Help* verwiesen.

29 Erzeugung von Filmen

29.1 Einführung

Ein Film besteht aus mehreren Einzelbildern (*Frames*), die mit einer bestimmten Anzahl von Bildern pro Sekunde, der Bildgeschwindigkeit v, abgespielt werden. In *MATLAB* wird als Default $v = 12 \frac{frames}{sek}$ gesetzt.

29.2 Erstellen von Filmen

$\rightarrow$ Zur Erzeugung eines Films muss man als erstes die Funktion aufrufen

M=moviein(na)

Dabei ist M ein $1 \times na$ Strukturarray. Es werden *na* Frames gespeichert.

$\rightarrow$ Mit der Funktion

A=getframe(FA)
FA: Figure- oder Axes-Handle. Fehlt FA, wird FA=gca gesetzt.
Anschließend $M(:, k) = A$.
Siehe auch *MATLAB-Help* .

wird jeweils ein Bild eines Objekts im Figure oder Axes, im Beispiel das k-te Bild, gespeichert.

$\rightarrow$ Eine Methode zur Erzeugung eines Films zeigt das Programmfragment:

```
M=moviein(n);
for k==1:na; %Erzeugen eines graphischen Objekts
            M(:k)=getframe(FA);
end;
```

Es können von allen grafischen Objekte Filmbilder erzeugt werden.

$\rightarrow$ Die Felder der Strukturelemente sind $M(:, k).cdata$ und $M(:, k).colormap$.

Das *cdata*-Feld ist eine *height* $\times$ *width* $\times$ 3-Matrix mit *uint8*-Elementen.

Das *colormap*-Feld ist eine *nc*$\times$-Matrix. Bei der Truecolor-Darstellung ist das Feld leer.

147

29.3   Abspielen von Filmen

→ Filme, die mit der Funktion *getframe* in der Struktur M erzeugt wurden, werden mit der Funktion

movie(FA,M{,na{,v{,loc}}})

Fehlt der Handle FA, so wird $FA = gca$ gesetzt.

Bildgeschwindigkeit v, fehlt die Angabe wird der Defaultwert gesetzt.

im Figure oder Axes mit Handle FA na-mal abgespielt.

→ Der Parameter na kann auch durch einen Vektor n ersetzt werden. Für diesen gilt

$n = [na, f1, f2, ..., fn]$

Dabei ist na die Zahl der Abspielungen. Der Film besteht aus der Folge der angegebenen Frames fi.

→ Der Film wird mit der Aufnahmegröße abgespielt.

Dabei liegt die linke untere Ecke eines Filmbildes in der linken untere Ecke des Figure.

Man kann den Film durch Angabe von $loc = [l, u, 0, 0]$ um l-Pixel nach rechts und um u-Pixel nach oben verschieben.

30 Renderer

30.1 Überblick

→ Mit *Renderer* bezeichnet man eine Software oder eine Hardware die grafische Anweisungen in Bilder übersetzt.

→ Auch ein Mix beider Methoden ist möglich.

→ In *MATLAB* sind drei Methoden realisiert. Diese sind

Painters, *Z-Buffer* und *OpenGL*

→ *MATLAB* wählt automatisch die für den gegebenen Fall beste Methode aus. Kriterien hierfür sind die Komplexität des Figures, die Einstellung bestimmter Properties und gegebenenfalls der Printerdriver oder auch das Fileformat beim Export von Grafiken.

→ Der Renderer kann aber auch über Properties fest eingestellt werden.

30.2 Kurzbeschreibung der Renderer

Ausführliche Beschreibungen findet sich in *MATLAB-Help* . Einmal bei der Beschreibung der Figure-Property *renderer* und zum anderen im Abschnitt *Selecting Drawing Methods*.

30.2.1 Painters

→ Arbeitet mit Vektor-Grafik.

→ Schnell bei einfachen oder kleinen Objekten.

→ Kennt keine Lichtobjekte und keine Transparenz.

→ Bester Renderer für die Erzeugung von Postscript-Files.

→ Funktioniert nicht bei der Benutzung von RGB-Farben für Surface- und Patch-Objekten.

30.2.2   Z-Buffer

$\rightarrow$ Arbeitet mit Raster-Grafik.

$\rightarrow$ Schneller als Painters.

$\rightarrow$ Kennt keine Transparenz.

30.2.3   OpenGL

$\rightarrow$ Arbeitet mit Raster-Grafik.

$\rightarrow$ Schneller als Painters oder Z-Buffer.

$\rightarrow$ Kennt Lichtobjekte und Transparenz.

$\rightarrow$ Genaueres wird mit *opengl info* im MCW angezeigt.

30.3   Properties zur Einstellung des Renderers

$\rightarrow$ Zur Festlegung wer die Auswahl des Renderers trifft dient die Figure-Property
Propname: **RendererMode**, Propvalue: *auto(default)|manual*

$\rightarrow$ Die Auswahl des Renderers erfolgt mit der Figure-Property
Propname: **Renderer**, Propvalue: *painters|zbuffer|OpenGL*

$\rightarrow$ Die Axes-Property
Propname: **DrawMode**, Propvalue: *normal(default)|fast*
beeinflußt ebenfalls den Renderer, siehe *MATLAB-Help* .

31   Sicherung von Figures

In diesem Abschnitt wird die Sicherung von Figures und ihrer Child-Objekte behandelt. Unter Sicherung wird die Speicherung und das Ausdrucken von Figure-Objekten verstanden.

Es können nur die wichtigen Aspekte behandelt werden. Die komplette Darstellung des Themas findet sich in *MATLAB-Help* .

31.1   Ausgabe eines Figure

→ Das *aktuelle* Fenster mit Handle *F* wird mit dem Programm

   print

   auf dem Standarddrucker des Systems ausgegeben.

→ Man kann auch ein interaktives Printprogramm benutzen. Dazu betätigt man im Figure-Menubar <File|Print Preview>. Nun kann man den Druckvorgang bestimmen. Siehe hierzu im *MATLAB-Help How to Print or Export*.

31.2   Speicherung des Figure

→ Die Speicherung eines Figures erfolgt ebenfalls mit der Printfunktion:

   print -fH -dtyp -opt File

→ Dabei ist *H* der Handle des zu speichernden Figure.

→ *typ* beschreibt den zu verwendenden Druckertreiber. In *MATLAB* steht eine Vielzahl von Treibern zur Verfügung. Der Verfasser verwendet davon nur die zwei *PostScript*-Treiber:

typ	Beschreibung
eps	Level 1 Black-White-Encapsulated PostScript (EPS)
epsc	Level 1 Color-Encapsulated PostScript (EPS)

→ Für die Optionen *opt* siehe *MATLAB-Help* .

→ Der Filename *File* muss den vollständigen Pfad, also beispielsweise:

   c:\DATA\Texte\Name.eps oder
   c:\DATA\Texte\Name.epsc

   umfassen.

→ Ein Beispiel ist:

```
print -f3 -deps c:\DATA\Texte\filep1.eps
```

32   Einrichten des Startup-Files

→ Man kann in *MATLAB* gewisse Properties in einem File, das bei Start automatisch aufgerufen wird, fest einstellen.

→ Hierzu steht in

```
...\Matlab\R2007b\toolbox\local\startupsav.m
```

```
%   STARTUPSAV    Startup file
%   Change the name of this file to STARTUP.M. The file
%   is executed when MATLAB starts up, if it exists
%   anywhere on the path.  In this example, the
%   MAT-file generated during quitting using FINISHSAV
%   is loaded into MATLAB during startup.

%   Copyright 1984-2000 The MathWorks, Inc.
%   $Revision: 1.4 $  $Date: 2000/06/01 16:19:26 $
%
%   load matlab.mat % Lieferversion
```

→ Dieses File wird nun durch benutzereigene Angaben ergänzt. Beim Autor sind dies:

```
whitebg('k');close;                              %
warning('off','MATLAB:dispatcher:InexactMatch');
set(0,'FormatSpacing','compact');
```

→ Abschließend ist die Umbenennung vorzunehmen.

Liste der Funktionen